引爆带货文案

8堂课学会写吸引人的产品传播文案

■ 柳绪纲 ◎ 著

机械工业出版社
CHINA MACHINE PRESS

并不是每一件商品都能够被打造成爆品，也并不是每一篇文案都能够成为爆款文案，但写出高质量、高传播性的文案是对每一位文案创作者的基本要求。

优秀的文案创作者应该具备媒体人在事件价值判断上的敏锐、公关人在客户把握上的精准和电商人在爆品打造上的痴迷。本书以八堂课的形式由浅入深介绍，内容包括认识文案、找到受众的痛点、找到有价值的素材、让文案人格化、让文案标题吸引人的招式、写作框架、提升内容感染力的诀窍、传播的注意事项等，并结合具体的产品推广传播案例，有观点、有心得、有理论、有实践，一步一步带您提升文案写作技能和水平。

本书每章都有章节重点、思考提示和课后演练，便于读者立即上手，即学即用，书后还贴心设计了全年的营销节点表和文案创作者的职业进阶路径。大多数读者只要掌握了本书的方法和技巧，要写出优秀文案并不难。本书适合生产、销售企业的人力部、产品部、销售部、品牌部的文案岗位，上市公司的董事会秘书办公室，广告、公关和传媒公司的文案策划、宣传人员，尤其是初创企业的互联网运营人员以及广大新闻和传播专业的在校师生阅读。

图书在版编目（CIP）数据

引爆带货文案：8堂课学会写吸引人的产品传播文案 / 柳绪纲著. —北京：机械工业出版社，2019.10
ISBN 978-7-111-63932-9

Ⅰ.①引… Ⅱ.①柳… Ⅲ.①广告文案-写作 Ⅳ.①F713.812

中国版本图书馆CIP数据核字（2019）第214779号

机械工业出版社（北京市百万庄大街22号　邮政编码100037）
策划编辑：刘　洁　　　　责任编辑：刘　洁
责任校对：李　伟　　　　责任印制：孙　炜
保定市中画美凯印刷有限公司印刷
2019年11月第1版·第1次印刷
170mm×242mm·16印张·2插页·284千字
标准书号：ISBN 978-7-111-63932-9
定价：59.00元

凡购本书，如有缺页、倒页、脱页，由本社发行部调换

电话服务　　　　　　　网络服务
客服电话：010-88361066　机　工　官　网：www.cmpbook.com
　　　　　010-88379833　机　工　官　博：weibo.com/cmp1952
　　　　　010-68326294　金　书　网：www.golden-book.com
封底无防伪标均为盗版　机工教育服务网：www.cmpedu.com

赞　誉

写作是一门技术活，而技术活都有一个共同的特点：它可以通过反复训练，来提升所需技能。

在我完全意识到这一点时，已经在媒体这行工作了五六年了。此前，我倾向于认为写作与天赋相关。是的，确实有关系。但你如果不从事超级严谨的写作工作，反复训练之后，即便不是天赋异禀，也可以在这一行干得出色。而且即便是天赋异禀的人，也需要训练，马克·吐温和海明威都提到过最初的报社记者的训练对自己作家生涯的帮助。

任何训练都需要有正确的训练方法，需要符合这个时代需求的训练方法。这本书，就是在做这方面的努力。作者柳绪纲是优秀的媒体人，经历过海量的写作训练；也是新媒体时代的创业者，了解这个时代文案的标靶。

如果你致力于成为一名训练有素的写作者，可以从这本书开始。

——徐一龙　今日头条副总编辑

现代社会中传播无处不在，无时不在，与我们每个人、企业、机构息息相关。移动互联网降低了传播的门槛，丰富了传播的形式，但传播的规律和技巧依旧至关重要。如何讲好故事，将产品的特点和价值观以最优解的方式传播出去，是很多企业面临的难题。

柳绪纲的这本书是一本操作性极强的产品传播方法论教材，干货满满，诚意十足。它有别于纯理论的教材，也与刻意追求流量写作的课程不同，这是一个转身到互联网行业的资深媒体人对传播的深度思考和经验总结。写作和传播，是一门精耕细作的手艺。在手艺人笔下，你能看到更广阔的世界。

——余敬中　快手科技副总裁

对创业型企业来说，如何才能吸引市场和资本的关注？传播的作用功不可没。产品传播做得好，营销才能做得好，公司才能在市场中脱颖而出，并树立起自己的品牌，而文案是这一切的基础。自媒体时代带给企业更多自主传播的机会，本书将从传播基础入手，系统讲授如何写出"吸引人的产品传播文案"，可以对企业做好产品推广传播提供有效的帮助。

——童玮亮　梧桐树资本创始合伙人

互联网时代，得用户者得天下。无论采用哪种营销模式，都要重视不断积累用户、挖掘用户的需求，从而为用户提供个性化的产品和服务。本书有助于文案创作者快速掌握针对精准用户的产品文案写作和精确传播技巧。

——林忠礼　山东省互联网传媒集团总经理

文案传播是营销传播的重要手段之一。当数字化营销传播成为主流，产品传播的文案写作方法也与时俱进，发生了较大的改变。柳绪纲有着都市报记者、编辑和多年新媒体传播的丰富经历，这本书从受众习惯、传播通路分析入手，一步步教你如何进行文案策划、素材收集、标题制作、框架搭建，是一本理论与实践高度结合的产品传播文案写作实用教程，可以为企业产品的营销传播提供直接的帮助。

——星亮　暨南大学新闻与传播学院广告学系主任、
中国广告协会学术委员会常务委员

文以载道，拍案惊奇。柳绪纲老师的新作，为互联网时代的文案传播做了一次从思维理念到行动策略的梳理，在产品为王的当下，实属可贵。

——曹三省　中国传媒大学协同创新中心副主任、
互联网信息研究院副院长、教授

产品传播是当今所有企业都要面对的课题。传播文案的写作看似简单，其实很难，使用精炼的文字在不同媒体，特别是各类新媒体上进行传播，是对所有公关广告从业人员的挑战。柳绪纲先生的这本书，全面系统而又非常实用地讲述了如何写好产品传播文案，可以作为工具书使用。

——况杰　中央人民广播电台经济之声特约财经评论员

有想法的人千千万万，能不能把想法提炼成大家能够听得见、看得懂、能传播的概念是判断创业者能否成功地进行商业化运作的分水岭。仔细阅读柳绪纲老师的书，您也可以变成产品自传播达人。

——关雪峰 《专业投资人教你用8个BP融资》作者

这是一部不可多得的实用教程，认真读一遍就能写出合格文案，认真读两遍，文案基本写一遍就过关，如果能好好阅读三遍以上，再加上仔细认真地思考，你一定既能写出好文案，又能做个好老师！

——胡明沛 速途网络盎司创意总经理

前 言

1. 我为什么写这本书？

首先声明，写这本书的初衷并不是要教给大家怎样一下子写出阅读量"10万+"的爆款文案，而是要讲"10万+"阅读量的文案在爆发出来之前要做点什么。例如怎样策划、怎样积累素材、怎样取吸引眼球的标题、怎样搭框架下笔去写，目的是让你知道这样写出的带货文案更吸引人、更有利于传播。

无论在生产、销售大企业内，还是在公关、广告公司内，**文案不一定是一个明确的岗位，但文案策划、写作却是一项必备的技能，是胜任许多工作的基础要件。**

一直计划写这本书，和我的从业背景有关。我的经历有些"复杂"。我原本学习的专业与传播无关，但因为大学时喜欢写作，后来顺利进了报社。再后来，我因为对互联网感兴趣，所以早早跳出纸媒，混迹于互联网、移动互联网圈，不过还算专一的是，一直做着和传播相关的事情。

对于传播文案的写作，报社绝对是"黄埔军校"。

我们看一看大公司的市场副总裁、品牌总监岗位人员，他们绝大多数都有着传统媒体尤其是纸媒的背景，策划能力、文字功底十分了得。

闻风而动，锻炼了媒体人的敏感；知难而进，磨炼了媒体人的精神；采访沟通，拓展了媒体人的人脉；而常态化的选题策划和规范化的采编流程，更是促进了媒体人快速成长。

纸媒对策划、文案、传播等公关方面人才的培养功不可没。许多公司基于对效益的追求，实训培养初级传播人才的意愿一直偏低，所以由纸媒培养出的公关人才格外受欢迎。

然而，随着互联网的发展，都市报近年来的运营状况持续萎缩，每到年底"关张"的消息更是不断，新闻从业人员也在快速减少。这一渠道的"断供"，势必将使具备较强文案功底的人才更加抢手。

2. 什么人更适合做文案写作工作？

这个问题让我想起从前经常被问到的"什么人更适合做记者"。

在报社多年，我身边的记者，出身专业有新闻、中文，但更多的还是经济、食品、纺织、建筑、数学、历史甚至机械制造等，五花八门，而且这些人的工作能力并不输拥有新闻、中文背景的同事。

你说什么人更适合做记者？答案同样适用于文案写作。

和做任何一项工作一样，**能不能做好文案写作与传播，个人的兴趣最重要**，然后具备灵活的头脑、一定的文字基础，再热衷学习，这个人基本就可以上路了，之后便是在实践中打磨。

3. 写文案到底有没有套路？

许多技能的入门都是有套路的。像我们在婴幼儿时期学说话、上学的时候学知识，最初都来自模仿。

去年，有个朋友说自己的孩子写一篇作文"比鸡下蛋都难"，常常坐在那里，一个小时写三五个字，再给他一个小时，仍然是那三五个字，"恨不得把他拉过来揍一顿"，问我有没有方法。

我说有啊，你让他选一个最无话可写的题目，这样模仿着试写一下，或许会有帮助。于是我举例介绍了文案构思的方法。

例如：杯子。

喝水的杯子谁都有吧，怎么写这篇作文呢？

第一步，构思。

到底要写什么呢？所谓的构思，就是通过一次次发散性思维，找到可以写的东西。来，我们一起想一想：

回忆一下这只杯子是怎么来的，是买的？是谁送的？还是找了个瓶子改造的？它有什么样的特点？来历有什么样的故事？

以上几个问题能不能写出内容？

如果不能，我们继续一起想：

这只杯子能为你解决什么问题？自己喜欢这只杯子吗？为什么喜欢或者为什么不喜欢，有什么理由？

以上三个问题能不能写出内容？

如果还不能，我们继续一起想：

你平时是在什么场景下使用它？在使用过程中，有没有发生过什么事情，例如是不是丢失过、错拿过，急切想用的时候却发现忘带过？你有没有喜欢另一只杯子，那只杯子哪里比这只好？

以上三个问题能不能写出内容？

如果还不能，我们继续一起想：

水装在杯子里是什么样子的，例如热水和冷水，在光线暗的地方和太阳光下有什么区别？除了喝水，平时杯子还能做什么用？如果太旧了需要换一只杯子，你想用它做什么？

……

我相信，以上所有的问题中，一定有一两个问题让你找到了能写出一段话的感觉。好，那么你就选出你能写出尽量多的内容的那个问题。

第二步，组织材料。

认真琢磨你选定的那个问题，围绕它来组织一些可以写的内容。

因为是训练，所以我认为可以鼓励自己东拉西扯。你根据选定的那几个问题，发散思考，将能够想到的东西，无论是沾边的还是不沾边的，都罗列出来，组成一棵枝枝蔓蔓的小树，然后一点一点去掉不太相关的东西，就像修剪枝蔓。

第三步，下笔。

万事开头难。写作文也是如此。

你有好的开头吗？

如果真的想不出来，那就来一段最简单的：

"我有一只杯子。"或者，"我的书桌上摆着我最常用的一只杯子。"

简单吧？

第四步，成文。

已经开头了，这下容易了吧？按之前选定的思路，随心所欲往下写就好了！总之是写成一篇文章的样子，最好是一口气写下来。

最后可以以一句感慨结尾。

第五步，修改。

写完之后，回头来读一读吧。修改错别字和语句不通的地方，删除那些明显的废话。

好了，一篇文章出炉了！

朋友的孩子听完后，稍加训练，果然能够顺利写出作文了。原因便是他掌握了一个套路。

文案创作也是如此，许多时候我们需要的是一个套路。

4. 爆款传播文案和优秀文案的关系

爆款传播文案是每位文案创作者的追求，但爆款传播文案的打造对每个机构、每个文案创作者来说，都难以成为常态。然而，撰写优秀文案可以做到。

优秀文案不一定是爆款传播文案，爆款传播文案却必定是优秀文案。写作前需要有以下准备：

1）传播渠道的了解

2）先期知识的储备

3）受众心理的把握

4）语言魅力的驾驭

具体到带货文案的下笔写作，则更要做到：

1）取一个抓人眼球的标题

2）写一个具有吸引力的开头

3）讲一个吸引人的故事

本书就是要详细阐述这些东西，并且本书开篇就提供了一张实战地图，让各位读者心中有数，无论是下笔还是传播都有的放矢。

希望本书传递的知识能够带给你引爆文案的"火种"。

各位读者可能还会关心一个问题，文案创作者的前途在哪里？写文案挣钱吗？感兴趣的读者可以参看附录B，也欢迎添加我的微信（微信号：dcdaoke）交流文案写作、文案创作者职场进阶等内容。

在此，感谢本书的策划编辑刘洁，感谢对于写作本书给予了支持与帮助的关雪峰、胡近东、吴静、徐磊、贺帅、公维锋等各位好友！

5. 特殊约定：关于本书的几个概念

1）产品

书中借鉴了百度百科对产品的定义：产品是指能够供给市场，被人们使用和消费，并能满足人们某种需求的任何东西，包括有形的物品，无形的服务、组织、观念或它们的组合。不过，作者认为，产品的分类可分为实体产品、硬件产品、软件产品、内容产品、服务产品和IP产品。IP产品，如被包装的网络红人、培训讲师等。

2）文案和文案创作者

文案，是一种以文字进行广告信息内容呈现的形式。在职场中，写文案的岗位也被称作文案。为了更清晰地表述，在本书中，"文案"仅使用"信息内容呈现的形式"这层意思，写文案的人则被称为"文案创作者"。

3）受众

受众指的是信息传播的接收者，包括报刊和书籍的读者、广播的听众、电影和电视的观众、网民等。本书中，有些地方根据上下文的语境，将潜在的产品用户，即文案传播的目标对象也称为受众。

4）带货文案和产品传播文案

产品传播文案的创作目的主要有两个：提升品牌或拉动销售。在当下的互联网经济背景下，销售变现更是日益成为产品传播文案的首要诉求，带货文案也成为产品传播文案的主要呈现形式。本书多处从外延更大的"产品传播文案"入手，总结出来的创作技巧和方法论均适用于带货文案。

2019 年 9 月

课前　引爆你的文案，需要一张实战地图

图1是一张"引爆带货文案"实战图。它展示的是写出一篇优秀的带货文案，并引爆传播的流程。总体可以分为两部分——"战前"准备阶段和"战时"打击阶段。

可以看到，明确文案传播的目的、效果和文案受众群体以及文案传播渠道是引爆文案的基础，即发力点。其后是结合目标受众的痛点，确定文案方向和类型，完成文案素材的收集和准备。

"战前"准备越充分，"战时"打击才会越精准。

而在"战时"打击阶段，文案写作与传播直接关联，整个阶段也包含着动态迭代的环节。例如，标题与文案写作之间。先拟定标题，再下笔创作，这时标题起着框定内容的作用；但文案创作完成后，应该再回过头来优化标题，看能否有更准确、更"抓心"的表达。

传播效果评估促成传播策略调整的意义更大。传播效果评估建立在对文案动态传播效果的收集、分析上，并以策略调整的形式，对文案标题、内容写作或传播策略进行干预，反过来达成对传播效果的提升。

认真研究和尝试做好迭代训练，对快速提升文案写作水平会有极大帮助。

好了，在接下来的章节中，我们将对实战地图中的关键点和环节进行深度剖析、讲解，重点放在文案写作部分，对传播的评估等内容，以后有机会再介绍。

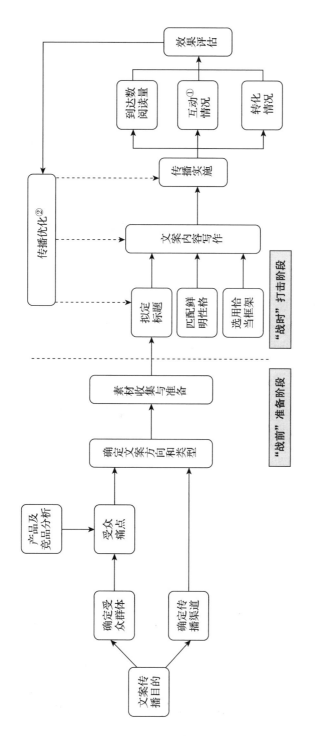

图1 "引爆带货文案"实战图

目 录

赞誉

前言

课前　引爆你的文案，需要一张实战地图

第 1 课
认识易传播的文案

1.1　受众习惯改变对文案传播的影响 / 002
 1.1.1　从教化需求到迎合需求 / 002
 1.1.2　人脉为裂变传播带来机会 / 003
 1.1.3　传播效果评估变得更直观 / 004
 1.1.4　标题制作已经越来越重要 / 005
 1.1.5　一定要互动、互动、互动 / 006
 1.1.6　内容必须要经得起"考验" / 007

1.2　易于传播的文案通常具备什么特点 / 008
 1.2.1　讲的正是眼下的谈资 / 009
 1.2.2　有一条抓人的标题 / 010
 1.2.3　有生活，有故事 / 011
 1.2.4　话题与受众强相关 / 012
 1.2.5　能有一句让你印象深刻的话 / 012
 1.2.6　版式和风格让人感到舒服 / 013
 1.2.7　能够让受众参与进来 / 014

1.3　受众设定越精准，传播效果越好 / 015
 1.3.1　产品文案的受众群体会有哪些 / 016
 1.3.2　有些文案真是要写给所有人看的 / 017

1.4　选对了通路，传播才会更有效 / 018
 1.4.1　传统纸媒 / 019

1.4.2 互联网媒体 / 020

1.4.3 自媒体 / 022

1.4.4 电商平台 / 023

1.4.5 视频平台 / 024

小结 / 026

课后演练 / 027

第 2 课
构思前要先找到目标受众的真"痛"

2.1 文案创作者的最大价值不在于写文案 / 029

2.1.1 文案创作者需要懂点儿产品 / 029

2.1.2 文案创作者需要做第一用户 / 031

2.1.3 文案创作者需要了解心理学 / 032

2.1.4 文案创作者需要有点小市侩 / 035

2.2 怎样判断受众的需求是不是"痛点" / 037

2.2.1 痛点 / 038

2.2.2 痒点 / 040

2.2.3 爽点 / 040

2.3 怎样去找出受众的真"痛" / 042

2.3.1 自己体会的痛点才是真痛点 / 042

2.3.2 递进分析,找到痛点真实所在 / 043

2.3.3 细化用户的需求 / 045

2.3.4 找到恰当的对标产品 / 046

2.3.5 发掘用户反馈的深层次信息 / 047

2.3.6 对比体验,研究竞品的"差评" / 049

2.3.7 发现与"跨界痛点"的结合点 / 051

小结 / 052

课后演练 / 053

第 3 课
有价值的素材去哪里找

3.1 了解一点经济学知识 / 055
3.1.1 亏本销售能赚到钱吗 / 055
3.1.2 "没价值"的产品真的没价值吗 / 056
3.1.3 这样积累经济学知识 / 057

3.2 储备一些心理学知识 / 059
3.2.1 为什么送优惠券却不降价 / 059
3.2.2 别让用户感觉得到的太容易 / 060
3.2.3 用户网上消费的惯常心理 / 061

3.3 积累行业知识 / 063
3.3.1 行业专业知识 / 063
3.3.2 行业发展动态 / 064
3.3.3 相关政策法规的变化 / 065
3.3.4 相关行业的发展动态 / 066

3.4 研究竞争对手的产品推广 / 066
3.4.1 研究竞争对手的推广 / 067
3.4.2 留意跨界学习产品的推广 / 069

3.5 随时关注热点事件 / 070
3.5.1 怎样寻找和判断热点事件 / 071
3.5.2 怎样向热点事件借势 / 073

3.6 听听用户的故事 / 076
3.6.1 这样和用户对话 / 076
3.6.2 从客服渠道了解 / 077

3.7 随意聊天时做个有心人 / 078

小结 / 080

课后演练 / 081

第 4 课
优秀的文案应该是个"活生生的人"

4.1 带货文案要有"性格"吗 / 083
4.1.1 不一样的文案,圈不一样的"粉" / 083
4.1.2 文案其实在给产品贴标签 / 085
4.1.3 带货文案常见的 18 种性格特征 / 086

4.2 怎样给自己的文案做人设定位 / 089
4.2.1 对产品归类分析 / 089
4.2.2 分析受众人群的特点、喜好 / 090
4.2.3 确定撰写的文案口吻 / 092
4.2.4 选择匹配产品的文案性格 / 094

4.3 怎样强化文案的性格 / 095
4.3.1 对文案拟人化运营 / 095
4.3.2 你见过吉祥物打架吗 / 097
4.3.3 把印象烙到受众的心底 / 098

小结 / 100

课后演练 / 101

第 5 课
带货文案的标题必须要"抓心"

5.1 标题取多少个字效果更好 / 103
5.2 取标题的 12 个招式 / 105
5.2.1 贴近新闻 / 106
5.2.2 设置问题 / 107
5.2.3 揭示冲突 / 110
5.2.4 披露真相 / 112
5.2.5 突出独家 / 115
5.2.6 骇人听闻 / 117
5.2.7 利益诱惑 / 120
5.2.8 引燃情绪 / 123
5.2.9 时不我待 / 125

5.2.10　实用经验 / 128

5.2.11　警示提醒 / 130

5.2.12　趣味八卦 / 133

5.3　设计高流量标题的 9 个技巧 / 134

5.3.1　让受众感觉和自己有关系 / 135

5.3.2　引发受众的好奇心 / 136

5.3.3　使用双关语 / 137

5.3.4　使用热点关键词 / 138

5.3.5　将数字放进标题 / 138

5.3.6　突出强调时间概念 / 140

5.3.7　将对立元素写进标题形成冲突 / 141

5.3.8　将违反认知常理的事件写入标题 / 142

5.3.9　自创或使用少见的哲理性的话 / 143

5.4　取标题的 12 个招式和 9 个技巧的综合运用 / 143

小结 / 148

课后演练 / 149

第 6 课　吸引人的文案建立在好的框架上

6.1　见不一样的人说不一样的话 / 151

6.2　先酝酿一个吸引人的故事 / 153

6.2.1　产品可以讲哪些故事 / 154

6.2.2　一个吸引人的故事应该具备的必要条件 / 160

6.2.3　做好与产品的自然接入 / 162

6.3　建立"标准化"的故事框架 / 165

6.3.1　开头：吸引人读下去 / 166

6.3.2　背景：做好铺垫 / 169

6.3.3　导入：事件起因 / 170

6.3.4　危机 + 发展 + 高潮：找到解决方案 / 171

6.3.5 结尾：选择一种收尾方式 / 174

6.4 其他常用的带货文案架构法 / 176

6.4.1 资讯型文案 / 176

6.4.2 服务型文案 / 179

6.4.3 观点型文案 / 180

6.4.4 销售型文案 / 183

小结 / 188

课后演练 / 189

第7课 提升文案内容感染力的诀窍

7.1 煽情与制造"冲突" / 191

7.2 让受众对故事"深信不疑" / 193

7.2.1 细节要真实 / 194

7.2.2 逻辑要严谨 / 196

7.2.3 人物身份要具体 / 197

7.2.4 数字要精准 / 198

7.2.5 第三方背书 / 199

7.3 有意让自己与众不同 / 201

7.3.1 三只松鼠 / 201

7.3.2 韩都衣舍 / 203

7.4 用好图片，不仅是产品图片 / 206

7.4.1 吸引目光 / 206

7.4.2 突出产品形象 / 208

7.4.3 营造氛围 / 209

7.4.4 补充信息 / 211

7.4.5 佐证真实 / 211

小结 / 212

课后演练 / 213

第 8 课
文案传播的"八要八不要"

8.1 八要:让传播事半功倍 / 215
- 8.1.1 想清楚是要流量还是要转化 / 215
- 8.1.2 要围绕人,多讲故事 / 216
- 8.1.3 要注意做好文案排版 / 216
- 8.1.4 要重视自媒体矩阵建设 / 218
- 8.1.5 要主动为自己的传播做传播 / 220
- 8.1.6 要做关键词优化 / 223
- 8.1.7 要和用户互惠互利 / 224
- 8.1.8 要定期分析数据,完善传播策略 / 224

8.2 八不要:千万别给自己挖坑 / 225
- 8.2.1 不要拿碰不得的事开玩笑 / 225
- 8.2.2 不要试图贬低对手 / 227
- 8.2.3 不要传播负能量 / 227
- 8.2.4 不要把自恋当个性 / 228
- 8.2.5 不要为了传播而迷失自我 / 228
- 8.2.6 不要低估"意外" / 229
- 8.2.7 不要用同一手段过度刺激用户情绪 / 229
- 8.2.8 不要轻视"羊毛党" / 230

小结 / 231

课后演练 / 232

附 录

附录 A 全年营销节点跟踪 / 233

附录 B 文案创作者的职业进阶之路 / 235

第 1 课
认识易传播的文案

章节重点

- 易于传播的产品文案通常具备的特点。
- 选择不同的传播通路时,产品文案写作要注意的问题。

思考提示

- 在互联网时代,通过文案传播销售产品越来越重要,有什么方法可以提升传播效果?
- 你的产品是什么?哪些才是最适合它传播的通路?

1.1 受众习惯改变对文案传播的影响

春节时我和一位仍坚守在某都市报做总编辑的朋友聊天,他十分感慨地说:"每到年底都有一批都市报关停,心中不禁惶惶然。都市报读者群一减再减,广告市场一缩再缩,我们的报纸要撑下去也很难了。现在大家都向融媒体迈进,你认为融媒体真的能够成为传统媒体的出路吗?"

因为关系足够熟,朋友没有掩饰自己的无奈和困惑。其实,他的感慨在纸媒圈里存在了早已不止三五年。

深究下来,都市报读者群的减少、广告市场的萎缩只是表象。

并不是大家不需要信息了,也不是企业不需要宣传推广了,受众群体获取信息的习惯改变,才是引发都市报类纸媒衰退的根本原因。

自20世纪末开始到现在20多年的时间里,媒体的传播形式快速变化着。从纸媒的鼎盛到失守、传统互联网媒体的兴起到衰落、社交媒体的搅局和自媒体的崛起……受众的信息获取平台也从纸张到电脑再到手机,几经改变。

如果想让文案的传播更迅速、更有效,那么我们就要好好利用这些改变,针对每一个个案组织贴近受众的内容,选择更加恰当的传播渠道。

互联网使文案传播变得更容易。

互联网也使文案写作变得更困难。

1.1.1 从教化需求到迎合需求

传统媒体与互联网媒体(也就是我们已经说了20年的"新媒体")在传播策略上有很大的区别。

传统媒体主要是单向传播。它就是"大V",擅长站在高处,振臂一呼——"大家听我说!"

发布文案的客户通常无法接触到读者,甚至是传统媒体的记者、编辑,与读者的沟通和互动,也少之又少。

所以,传统媒体上的文案传播也是单向的,收集目标受众的反馈比较困难,文案创作者只能在进行文案传播之前,通过小范围的用户调查,来了解用户需求。而对大多数用户的需求判断,基本来自推理和预判。

在这种情况下,文案向用户推广产品,与其说是满足需求,不如说是教化需求。传统文案传播达成效果的路径如图1-1所示。

互联网媒体使双向传播成为可能,而社交媒体更是实现了多向传播。

互联网的开放、即时、交互等特点,让生产经营者可以实时发现、收集客户需求。互联网媒体的信息传播也一改传统媒体那种站在高处"振臂一呼"的传播模式,深入到用户群体中,去迎合需求。传播达成效果的路径如图1-2所示。

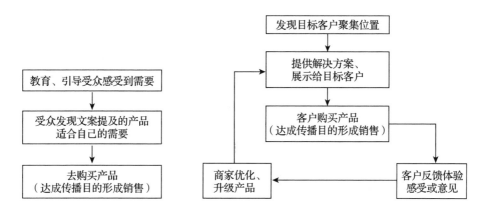

图1-1 传统文案传播达成效果的路径　　图1-2 迎合需求的文案达成效果的路径

归纳起来,教化需求的文案是基于推理和预判,所以写作时主观性强一些。但迎合需求的文案,已经确定了受众需求,所以抓住受众痛点、激发受众购买欲望的写作,对文案创作者的要求会更高。

1.1.2 人脉为裂变传播带来机会

人脉是一项重要的资源,对一个人的成长与成功是,对产品的销售和文案的传播也是。

我身边有不少企业家去读 EMBA，有的人还将清华、北大、长江商学院的 EMBA 都读了一遍。他们并不讳言，自己的重要目的之一就是拓展人脉，为企业发展或投资寻找合作伙伴。一些企业家参加各类俱乐部也是相同的诉求。

互联网为我们快速拓展人脉提供了更便利的机遇。

仅以微信为例，可以帮用户快速聚集起亲友、同学、同事、客户以及大量兴趣相投的人，甚至将一些生活中的点头之交也变成网络上的社交人脉。互联网基础上的人脉聚集打破了地域限制，不管身处哪里，相隔千山万水都能够实时共享信息。同时，人脉的获取成本也在无限降低。

在传统的信息传播中，报纸、杂志会关注自身的发行量和传阅率。在互联网的信息传播中，传播效果的重要衡量标准则变成了文案的打开数和转发率。

就自媒体而言，有了一定的"粉丝"数量，文案在互联网上的裂变传播才更具可能性。罗辑思维、吴晓波频道、同道大叔等自媒体高达数十亿元的估值，便是得益于有价值的内容借助了高效的裂变传播。

而就某个人来说，假设你的微信有 1 000 个好友，而你的好友又都有 1 000 个好友，你发布一篇高品质的文案，有 10% 的好友进行了阅读，同时打动 5% 的好友进行了转发分享⊖，如果他们带来的阅读量和转发率基本相同的话，你会发现，经过 2~3 轮的裂变，这篇文案的传播到达数就会超过 10 万人。

1.1.3 传播效果评估变得更直观

在传统媒体上，传播效果评估是一个比较复杂而专业的工程。而互联网上的文案传播，其效果评估则容易了很多。

通常，对新媒体文案可以从以下几个指标进行评估：

（1）**阅读数**：文案发布后的阅读次数，可以细化出阅读人数和重复阅读数

⊖ 第一轮，100 人阅读 +50 人转发；第二轮，5 000 人阅读 +2 500 人转发；第三轮，250 000 人阅读 +125 000 人转发……理论上，完成第二轮裂变后，阅读人数就已经超过了 25 万人。——作者注

等数据。在不同的互联网媒体平台，阅读数还应该结合标题展示次数进行综合分析。

（2）**互动数**：这一项可以细化为点赞数、评论数、转发数。这一指标直观反映着读者的态度，尤其评论的内容可以分为负面和正面，负面评论起着"减分"的效果，如果负面评论较多，那么基本可以判定此次传播失败。转发数则会关系到该文案的扩散效果。

（3）**增粉数**：这是社交媒体传播环境下特有的一个指标。现在商家都设立了自己的品牌或产品的社交账号，如微博、微信公众号等。增粉数是考察文案传播能够为自有社交账号带来的用户增长数量。

（4）**转化率**：转化指受文案引导或影响而形成的注册、购买或者咨询等行为。转化次数与阅读数之间的比值就是转化率。

虽然文案传播一般是持续的，但互联网的实时数据统计功能，可以让我们随时掌握一定时段内的传播效果，适时做出改进和调整。

1.1.4 标题制作已经越来越重要

多数人读报纸，拿过来会先扫一眼整个版面，然后选择最吸引自己的那篇文章开始阅读。

报纸上的文章，吸引关注的方法有以下三种：

- 一个是用位置，例如头条、倒头条[一]、版心；
- 二是用图片，图片可以使文章在整个版面上较为显眼；
- 三是用标题，取一个吸引人的标题。

这三种方法可搭配使用，不过单独来说，位置是最重要的，因为头条、倒头条的标题通常会被处理得非常大、非常显眼，标题再拟得稍微好一点，必然

[一] 倒头条是报纸编辑术语，指版面右下角的那条新闻。通常，它也是很重要的新闻，其标题、篇幅会被重点处理。在都市报上，这条新闻往往也是所在版面比较有影响力、比较可读的社会或事件性新闻。——作者注

会被最先阅读。当然，标题也很重要，报纸的编辑在处理稿件时，几乎要将超过 1/3 的功夫下到确定标题上。

在互联网媒体上，特别是在社交平台的传播中，标题变成了决定传播效果的最重要因素。因为，互联网信息在推送、分享的过程中，没有了头条或者一般位置的权重高低概念，用户每天接收到大量信息，会不会阅读更多取决于能否"一见钟情"——在最初的 2~3 秒里吸引住用户并诱使其点击打开。

例如：

- 7 页 PPT 教你秒懂互联网文案
- 月薪 3 000 与月薪 30 000 的文案区别！

这两个标题，你觉得哪一个对你更有吸引力？

第一个是微信公众号"李叫兽"发布的一篇文章标题。第二个是其他自媒体转发"李叫兽"这篇文章时修改的标题。

仍然是同一篇文章，但第二个标题实现了"全网刷屏"，阅读量快速击穿"10 万+"，也奠定了李叫兽在新媒体营销圈里的地位。

我在做新闻网站总编辑时，曾经进行过许多次实验。方法是在同一位置，使用不同的标题推送同一篇文章，然后分别观察 10 分钟的流量数据。实验结果表明，普通标题和有吸引力的标题获得的点击量最高可相差上百倍。

1.1.5　一定要互动、互动、互动

重要的事情说三遍：互动、互动、互动。因为互动是互联网媒体和社交平台相对于传统媒体所特有的功能。

传统媒体在发布信息之后，通常是被动地等待传播效果。而互联网媒体在发布信息之前，我们就可以有意识地做预热工作、策划活动，以强化传播效果；发布之后，我们仍可以主动去做工作，进一步提升传播的效果。

我们"可以主动去做"的工作就是与读者之间的互动。

互动形式包括以下几种：

- 有奖调查
- 申请产品试用
- 回复评论
- 引导转发
- 链接游戏

……

随着网络技术和传播形式的变化，相信还会有更多的互动形式出现。不过，在进行用户互动时，要尽量注意以下几点：

一是选择利益驱动。无论是有奖调查，还是玩游戏、赚积分，再或者是提供产品试用，都要从物质层面或精神层面给予参与者一些回报。

二是注重用户体验。互动环节不要设置得太复杂。互联网用户普遍是很懒的，如果环节复杂、参与标识不明显、程序反应稍慢……有任何一种情况发生都会引起超过40%的用户衰减。

三是不要试图欺骗用户。对用户做出的承诺一定要兑现，不要试图打折扣；提供的奖品要保证质量，更不要偷梁换柱。如果在兑现承诺的过程中出现欺骗行为，用户的负面评价会让互动得不偿失。

1.1.6 内容必须要经得起"考验"

2019年年初的《一个出身寒门的高考状元之死》对咪蒙团队来说绝对是一个重大事故。

这篇文案讲述了一位聪颖过人的寒门学子，通过努力考上了一流大学，生活拮据却不向生活低头，不帮富二代作弊、不为老板做假账、不去推销保健品。但悲剧的是，这位主人公因病去世时不满25岁……

一夜之间，文案在微信朋友圈刷屏，感动很多人。

但很快，有网友发现文案多处细节和逻辑经不起推敲，大家开始对文章内容的真实性和价值观产生怀疑。

仅仅经历了一天的"辉煌"之后，这篇文章被微信平台删除。网友对文章发布账号"才华有限青年"的声讨也进而演变为对其整个"咪蒙"团队的声讨。最终，此事件以"咪蒙"公众号注销画上句号。读者最开始对这篇文章发出质疑是因为发现其内容不严谨，进而声讨，揭露其三观[⊖]和造假问题。

一篇合格的文案要做到内容严谨，经得起推敲，尤其不能引发争议，同时也可以避免竞争对手的攻讦。

在过去，传统媒体影响是点状的。在个别的点状区域被质疑，影响会局限于这一区域。而在互联网背景下，传播影响是网状的，在一点"爆雷"即可引发大面积"塌陷"。每个网民都是一个"自媒体"，几个网民借助互联网的快速传播能力就足以将一个有问题的品牌"掀翻"。

1.2　易于传播的文案通常具备什么特点

列夫·托尔斯泰在《安娜·卡列尼娜》的开篇写道："幸福的家庭都是相似的，不幸的家庭各有各的不幸。"

这句话也可以套用在文案写作上，那就是"成功的文案都是相似的，失败的文案各有各的失败。"

对成功文案的判断可以从三个维度进行考量：高内容质量，高传播量，高转化率。

内容质量取决于写作功底，高转化率是对最终传播效果的考量。在本章，我们先看看什么样的文章具备高传播量，即在社交平台上更易于传播。

经过对互联网平台上近 1 000 篇高传播量的产品文案[⊜]进行分析，可以发现它们的确具有一些共性，至少会同时具备其中的几点。掌握这些共性，将会对下一步产品文案的构思、写作形成一定帮助。

⊖　这里的三观指世界观、价值观、人生观。——编者注
⊜　本书提到的产品文案是指为宣传、销售产品所写的文案。

1.2.1 讲的正是眼下的谈资

热点事件作为大家正在关注的焦点，通常能给借势的文案带来巨大流量，令传播事半功倍。"蹭热点"，是写出高传播量文案的一项重要秘籍。

热点包括以下几项：

- 具有社会影响或者名人效应的事件
- 传播量较高的话题或热词
- 节日和特殊的时间节点

早在互联网传播盛行之前，许多商家就在传统媒体的传播中蹭热点，例如节日、赛事、热点新闻等，只是互联网传播的特性使蹭热点有了一个更便捷的平台。

一篇文案蹭热点的功力尤其体现在将传播目的与热点的巧妙关联上。

在 2019 年春节期间，国产科幻电影《流浪地球》大火，很快，自媒体推出一大波文案——交管部门借助台词"北京第三区交通委提醒您：道路千万条，安全第一条。行车不规范，亲人两行泪"宣传行车安全；科普账号借机普及天文知识；还有经管类公众号分析吴京的影视投资经……

每个节日更是公众号的狂欢。从春节、情人节、三八节、五一节到中秋节、国庆节、双十一、双十二……即便不是节日的时间，创造一个节日，大家也会一拥而上，各式文案更是争奇斗艳，内容从品牌营销到产品酬宾，比线下实际销售都要热闹。

每当有热点事件发生或者到了特殊时间节点，网民也早早有了心理预期，见到关键词便会点开，说不定就能"捡"到实惠。

有位靠流量变现的自媒体运营者透露自己的经验：遇到热点事件，哪怕只比其他自媒体早发出十几二十分钟，就能完成一次"10 万 +"的传播，而如果晚了，则可能错失良机。

1.2.2　有一条抓人的标题

前文提到过，标题成为互联网传播最重要的因素。在互联网传播中，文案能否一下抓住受众眼球，诱使他打开阅读甚至做出分享行为，首要取决于是不是有一条抓人的标题。它就像一块敲门砖，如果不能瞬间引起受众的关注，也就没有然后了，即便内容写得再好。所以**好标题是易传播文案的标配**。

我们摘取了 2019 年 7 月 9 日微信公众号上一批高流量的标题（括号内为信息来源的自媒体公众号）供参考，如下所示：

- 强制垃圾分类第 9 天，大闸蟹是什么垃圾？上海人：已经戒掉了……（京东支付）
- 1400 元/m^2?! 这里的海景房，咋卖出了"白菜价"？（央视财经）
- 汗，这个高端理财出事了……（越女事务所）
- iPhone11 曝光关键配置，毫无购买欲望！（哎呦科技）
- 走进伪科学：如何干掉忽悠你妈的朋友圈养生大师（酷玩实验室）
- 今日好奇：盐对鸭蛋做了什么，变出咸蛋黄这样香到流油的存在？（果壳）
- 知乎 8 万赞回答：那些厉害的人，思维方式比你强在哪儿？（互联网思维）
- 紧急提醒！售价3980，成本价80，你被坑过吗？（曝他）
- 开空调睡觉露胳膊，会得关节炎吗？（drpei）
- 伸了下脚，男孩右脚 5 根脚趾都断了！千万别再这样干了！超危险！（学生安全教育平台）
- 10 个最适合一家老小的旅行地，好玩省心（6 人游定制旅行）

……

你是不是想看看内容？它们是如何引发了你的好奇心？

在本书后面的章节里，我再好好分析一下让标题更抓人的门道。

1.2.3 有生活，有故事

营销需要心理学，文案要打动读者更需要心理学，要在传播过程中引起读者的共鸣。大家早已经厌恶了说教，引起读者共鸣的方式之一就是讲故事。

很多优秀文案创作者都是段子手，或者是讲故事的高手，往往能把一件小事讲得一波三折、声情并茂。

2018年特别流行"卖茶叶"的故事。而这是一个骗局。

套路是先有一个用美女照做头像的人"不小心错加"你的微信，而后和你隔三岔五聊聊人生、聊聊感情。她很有爱心，会关爱福利院的老人、关爱贫困山区的儿童，还将现场的照片发给你，公益之心让你都禁不住点赞。然后，她失恋了，要到福建或者贵州外公那里散散心，外公炒得一手好茶，而且有一片很大的茶园。然后她会发自己在茶园"美美哒"的视频，发跟外公炒茶的照片。再然后，外公也好像被她的不幸遭遇传染了，家里遇到些麻烦……就要你买茶了……

虽然骗局是通过微信聊天实施，但只要将"茶叶女"的言辞贯穿起来，就会发现前前后后**有铺陈、有推销、有互动、有转化**，懂用户心理，擅设套营销。

这个文案的杀伤力有多大呢？《惠州日报》的新闻报道应该能证明：

"今年3月28日，在省公安厅的统一指挥下，我市对省厅'飓风5号'电信网络诈骗专案涉我市团伙开展收网行动，成功打掉1个利用微信交友实施诈骗的特大电信网络诈骗犯罪团伙，捣毁诈骗窝点6个，抓获犯罪嫌疑人296名，刑拘犯罪嫌疑人239名，止付冻结资金3 200余万元人民币，缴获作案用服务器电脑主机、手机、银行卡等作案工具一批。（详见《惠州日报》：'飓风5号'摧毁特大电信网络诈骗团伙）"

仅仅破案时止付冻结资金就高达3 200余万元人民币，可见其"威力"。

事发后，自媒体上也出现了一批"反茶叶女"的文案，有"外卖哥版""POS机版"，诙谐有趣，揭开骗局的同时也大赚了流量。

1.2.4 话题与受众强相关

开车出门游玩十分惬意,然而车身可能会被树枝或者路边的硬物剐上了小伤痕。

剐剐蹭蹭"伤口"虽小,看着可会让人从心里感到不舒服。怎么办?

去4S店或者维修厂处理,会价格不菲而且要磨掉一大块原厂漆。

走保险理赔全车喷一遍车漆?下一年的保费会长出一大截,而且新的小划痕随时又可能出现,总不能时不时再喷一遍吧?

那么有没有方便省钱又能快速修复划痕的办法呢?

还真有!

神奇的××划痕修复布,只要在有划痕的地方轻轻一抹,几秒就能见证奇迹了!

这块布可以这样用、这样用、这样用……它的质量和技术有这么多、这么多、这么多保证……一块只需要49元,现在买一块送一块还包邮……

这是"ETCP停车"公众号上关于××划痕修复布的带货文案。该公众号的受众多数是有车族,其中不少人也确实有着如何处理车身轻微划痕的苦恼,读到这样的文案,顺手就买了产品,甚至会推荐给朋友。如果没有前半截对车主苦恼的强化,先建立产品与读者的关联,而直接宣传产品质量和技术,传播效果恐怕会打折扣。

好的带货文案一定是这样的——**首先触及你的痛点,将你带入应用场景,然后帮你提出解决方案。过程中强化身临其境,营造你对产品体验的感受,而不是带你了解和观察。**

1.2.5 能有一句让你印象深刻的话

一首经典的歌曲,不一定能让人一下记住整首歌,但一定能让人记下一两句精彩的歌词,并引用到自己的生活中。例如:

"我想有个家,一个不需要多大的地方。"

"这一张旧船票能否登上你的客船?"

"常回家看看。"

"我能想到最浪漫的事,就是和你一起慢慢变老。"

小品、电影如此,文案也是如此。

拥有高传播量的文案通常会刻意地琢磨出一条打动人或有点小哲理的句子。这句话就能够引发读者转发传播,而对文案本身来说,即使读者在阅读之后,忘记了文案的绝大多数内容,只要还记着这句话,最好能联想到文案,传播目的也就达到了。

"今天你对我爱答不理,明天我让你高攀不起!"

"今年20,明年18。"

"我们跟谁都可以好好说话,除了爸妈。"

"你有什么不开心的事儿,说出来让我开心、开心。"

"自由之代价使自由更加高贵。"

"以为换了发型就能重新美一次?你只是换了一种丑法而已!"

"人生远看是喜剧,近看是悲剧,何不珍惜当下?"

这些句子是不是令人过目难忘?我们很容易就把它记住了,而对于承载句子的文章,最多记个大概,甚至早已印象模糊。借助一个句子远比借助一篇文章更容易传播。

1.2.6 版式和风格让人感到舒服

为什么读学术书会感到累,而读小说很轻松?

这不仅仅是因为读者心理上认定学术书一定严谨、一本正经,而小说可以轻松浏览没有深究的压力,还来源于学术书通常会采用长段落、长语句,专业术语众多。读者有时想读懂一句话都要在大脑里转几个弯,甚至需要划出句子的主谓宾、定状补语。小说则不然。

易于传播的文案都很注重读者的阅读体验。提高阅读体验要做到下面几点:

1）标题和内容口语化；

2）段落尽量小；

3）使用短句；

4）字号适中；

5）多用图片；

6）文字加粗或变色。

读者在互联网平台上的阅读更多是浏览，文案标题和内容口语化能够让读者一眼了解基本的信息。用小段落和短句子也是这个目的。

在社交媒体平台上，更多传播量的文案中通常一两句话就是一个段落，十几个字已经是句子表述的字数上限。行文中，图片和表格会替代相当一部分文字，搭配上分割线、有趣的表情包，使整篇文章的阅读轻松许多。

即使文艺些的内容，也会尽量不用生僻字，选择简单句式，避免表述歧义，用编号1、2、3、4梳理出清晰的行文逻辑。

文字的加粗和变色出现在正文中，主要被用来强调文章的看点。

1.2.7 能够让受众参与进来

互动是衡量互联网平台上文案传播效果的重要指标。

文案的互动包括用户的参与调查、抽奖、评论、点赞、关注、转发等行为。

评论互动是一个生成新内容的过程，可以提升文案的生命力。例如在知乎上，网友的评论可以引发新的探讨，碰撞出新的思想火花；在今日头条上，许多有趣的评论和回复会引来更多网友的"围观"；微信朋友圈里的转发评论有着推介的作用，能够吸引更多的点击和阅读。

虽然文案的阅读量和新媒体账号的粉丝数、推送到达数有一定关系，但是文案被转发的次数决定着这篇文案最终的阅读量。

例如一个有着10万粉丝的微信公众号，推送一篇文案，到达了10万粉丝。可出于粉丝是否及时看到、是否对话题感兴趣等多重原因，第一轮的阅读数可能只有 10 000。如果不能引起他们转发的兴趣，这篇文案的生命值恐怕也就只有区区 10 000 了。如果他们中有 1 000 人进行了转发，每个转发带来 10 个新的阅读，总阅读数就极可能被提高到接近 20 000。如此延展下去，这篇文案才能获得高阅读量。

所以，高传播量的文案一定是在某个点或者某个层面上触动了读者，从而被大量转发。

提升转发量的方法包括**增加转发层级**和**提高转发率**。总结起来，有几种类型的内容较容易获得高转发率：

1) 实用信息（如具体难题的解决方法、生活小窍门等）；
2) 热点事件（包括时事、社会、娱乐、财经等）；
3) 幽默搞笑；
4) 时尚生活方式；
5) 健康养生；
6) 家庭关系；
7) 孩子教育；
8) 心灵鸡汤；
9) 有意思的短视频（短视频比文字信息更容易被转发）。

1.3 受众设定越精准，传播效果越好

一个女孩子打扮得花枝招展走在大街上，行人对她的感觉并不一样。有的人会心生爱慕，有的人只是感慨年轻真好，有的人直接无视，有的人可能会看不惯而心生嫌弃。

文案也是一样。

因为阅读者的生活习惯、兴趣爱好、经济背景、社会地位、阅读目的不同，对同一篇文案的诉求也会不同。要提高文案内容的传播效果，根据阅读者

的痛点进行写作，对症下药很重要。

文案受众也分很多个群体，在策划之初，首要的就是确定——写给谁看。只有知道了写给谁看，才能确定写什么、怎样写，而越有针对性，传播效果也才会越好。

1.3.1 产品文案的受众群体会有哪些

产品的使用范围越广，与之相关联的群体会越庞大，受到的社会关注也会越多。

根据对产品关注点的不同，这里把产品文案的受众群体划分为以下这些角色：

1. 客户

客户是出钱购买产品的企业和个人，他们购买产品的动机可能是自己直接使用，也可能是供其他相关联的人使用，所以更加关注对产品的评价，包括实用价值和社会评价。

2. 用户

用户是产品的直接使用者。用户并不等同于客户，他们中有一部分是产品的购买者，但有一部分可能并没有花钱，而只是产品的使用者。例如，企业购买车辆、办公设备等，企业是客户，但具体使用的员工才是用户。或者儿女买了产品供老人使用，儿女是客户，老人则是用户。

不过，无论是哪一种用户，他们都会关注产品的实用性和易用性。

3. 个人消费者

个人消费者在这里是专门单列出来的一个群体，特指客户和用户重合部分中依托电商平台的个人购买者。他们既是客户又是用户的特殊身份，加之可以通过网络随时获取大量的同类产品信息，使得他们更挑剔产品的性价比。电商平台的销售引流文案，主要就是针对这一群体。

4. 销售商

销售商是对接生产商直到终端消费者的中间环节，包括代理商、分销商、经销商等。他们采购产品就是为了销售出去，从而达到获取利润的目的，所以最关心的是产品能不能赚钱，从谁那里赚，能赚多少，怎么赚。

5. 投资人

投资人是近年来，在中国第四次创业热潮中凸现出来的一个特殊群体。他们通过投资购买股权介入企业，利用参与分红或者溢价转让股权获得收益。投资人会根据企业的产品战略、销售数据等资料对企业的投资价值进行初步判断。

表 1-1 展示了这几类角色的行为特点和信息获取需求。

表 1-1 产品文案受众群体行为及需求

群 体	行为特点	信息获取需求	对应文案功能
客户	产品购买者	产品的实用价值和社会评价	客户拓展类
用户	产品使用者	产品的实用性和易用性	用户普及类
个人消费者	电商平台消费者	产品的性价比	销售引流类
销售商	销售产品获取利润	怎样赚钱	经销商招徕类
投资人	投资企业和产品	企业发展战略、运营数据	企业动态类

1.3.2 有些文案真的是要写给所有人看的

你相信吗？有些文案真的是要笼统地写给所有人看，目的是传播企业或者产品的品牌。例如新品发布会的通稿。

在各大搜索引擎，只要输入一个知名企业的名字，你都能看到大量相关的内容。一篇篇翻下来，你甚至可以串联出该企业的大事记，看清其发展脉络。这些内容能够让受众对企业产生信任感，对塑造企业品牌起着潜移默化的作用。

这类文案并不是希望立马打动什么人，而是要传递出信息，引发注意，然后提示不同群体的阅读者可以去关注自己关心的内容。当然，阅读者中除了潜在客户、经销代理商，一定也会有投资人、媒体人、竞争对手。

既然眼睛太多，众口难调，这类文案就直接写给自己的老板去看好了：揣摩老板的口味，在企业和产品的品牌塑造上多下些功夫，将他想传递出去的信息都传播出去。

品牌塑造类文案形式较多，包括但不限于下列三种：

1. 公司新闻

这是最直接传播品牌和产品的形式。撰写时一般参照新闻的写法，交代时间、地点、事件、人物等基本要素，采用倒金字塔的结构，重要的内容要重点突出，通过强化细节增强可读性，一般不需要太华丽的辞藻，但要重视配图（此类文案的具体写法可参照第6课的6.4.1小节）。

2. 高管访谈

通过人物传播品牌和产品，因为同时加持"人"和"品牌"的光环，具备较高可读性，是比较容易获得关注的内容形式。

高管访谈问题设置要新，要选当时市场和用户最关心的话题。高管观点要鲜明，要有自己的风格，言之有物，切勿泛泛。访谈一定要有故事。

3. 行业观察

行业观察一般是通过对行业内创新需求的变化或者新技术发展的分析，从探讨应对方案的角度传播品牌和产品。

这种文案对写作者的要求较高，需要对行业有长时间的关注和深刻的了解，行文要严谨，内容要详实，数据要准确，观点要经得起推敲。

1.4 选对了通路，传播才会更有效

各行有各行的行话，各类媒体也有着各类媒体的表达方式。

刚刚考进报社的时候，我大学还没有毕业，所以一开始只算实习。报社的

说法是,实习期间如果表现好,等到 3 个月后拿到毕业证时,就能转为试用,没有说实习期间如果表现不好会怎样。我自认为非常努力,作为实习记者没有新闻线索来源,我就每天四处走、四处看,一天下来再累也要写出 1~2 篇稿子交上去。可惜,整整两周,我仅发表了一张和其他记者联合署名的照片。

负责稿件初审的老师终于对我的"勤奋"受不了了,把我新交的一篇稿子扔出来:"你能不能不要把咱们的报纸当成你们校报啊?"

我如饮醍醐般猛醒——我写的稿子根本就不是都市报新闻的路数!

我开始更勤奋地向正式记者请教,研究分析他们见报稿件的选题和写法,两周后,我逐渐进入了状态,所写的新闻稿接连被刊发。

后来我做了编辑,经常收到各单位通讯员⊖发来的稿件,禁不住哑然失笑:"怕是作者把我们报纸当成了自家单位的内刊吧……"

虽然每个媒体有自己的个性,但每一类媒体又有这一类媒体的表达方式和习惯。这种表达方式和习惯经过多年沉淀,通常是最适合在这类媒体传播并最适合其受众阅读的。

所以,在着手写一篇文案之前,除了要先搞清楚给谁看外,还要确认在哪个媒体通路上传播,综合判断如何行文才能抓住特定受众的痛点需求。

1.4.1 传统纸媒

传统纸媒是塑造企业和产品品牌、提升用户对产品使用效果认可度的最佳传播渠道。

纸质媒体作为内容来源相对固定、发布流程严格规范化的信息传播机构,更容易保证内容的真实性和权威性,长期以来在受众中形成了相对较高的可信任度。版面资源的稀缺不断促进着稿件质量的提高,也向受众传递出纸质媒体的内容价值更高、公信力更强的认知。

⊖ 通讯员是新闻机构编外的非专职工作人员,本职工作多是在政府或大型企事业单位的政工处、宣传处等部门负责对外宣传。本单位有重大事件或新闻发生时,他们会与记者联系,甚至会整理出初稿提供给记者。——作者注

相对互联网上信息质量的良莠不齐，严谨、深度成为传统纸媒的重要特点。

在读者的潜意识里，新闻是准确、客观、公正的，而软文以传递商业性信息为目的，关乎商家利益，通常会趋利避害、不够客观。所以，新闻的传播效果优于软文传播文案。

通过传统媒体传播企业和产品信息时，如果选择使用软文的形式，最有效的做法是研究目标投放媒体，包括它的标题制作习惯、字体、字号，使文案更接近其新闻或者专刊文章的形式和风格。

资深的编辑可以一眼分辨出新闻和努力伪装成新闻的软文，传媒圈经常嘲讽"一名拙劣的记者能把新闻写成软文"，但一名优秀的文案创作者会把软文写成新闻，即使资深编辑能看出来，碍于其存在的新闻价值，也不得不选择发布，这才是文案写作的最高境界。

纸媒内容普遍会被各家互联网媒体及时抓取，纸媒内容在互联网搜索引擎中的权重也普遍较高，所以文案只要在传统纸媒上发布，其在网络平台上的传播就会有更好的保证。

提供给纸媒的文案要注意

- 标题客观，明确传递信息，尽量不要喊口号。
- 结构完整匀称，有开头、正文、结尾。
- 行文简洁，言之有物。
- 使用书面语，语言规范，逻辑性强。

借助纸媒的传播路线有时选择"纸媒—网媒—纸媒"的形式，即纸媒权威发布—网媒热议互动—纸媒跟进报道，效果可能会更好。

1.4.2 互联网媒体

互联网媒体针对产品的传播侧重于扩大产品影响力，放大产品认知群体。

互联网媒体又称为"网络媒体"或"网媒",广义上讲,是指以互联网为载体,通过文本、图片、音频、视频等形式来进行传播的信息交流媒介。但在日常的交流中,网媒会被狭义地特指为部分互联网媒体网站,可以分为以下三种:

1)官方媒体网站:新华网、人民网、中国网以及其他中央、地方媒体的网站;

2)商业门户网站:新浪、搜狐、网易、腾讯等商业媒体网站;

3)垂直媒体网站:中关村在线、汽车之家、和讯网等具有媒体属性的垂直行业网站。

互联网媒体的传播优势非常明显。

首先,互联网媒体是跨地域的。与传统纸媒的传播相比,互联网的传播打破了地域限制,不再拘泥于本地、本国,结合它的即时性特点,信息一经互联网媒体发布,可以快速推送到目标人群,受众遍及全世界。

传统纸媒一直难以破解发布者和阅读者之间的沟通问题。互联网媒体的交互性轻易解决了这个难题,而且其实时互动功能,可以帮助商家第一时间收集受众的反馈、答复受众的疑问和需求。

互联网媒体中信息的表现形式不再仅限于文字和图片,还可以使用音频和视频,插入链接补充或归纳关联内容,方便受众查阅。

但互联网媒体的有些特性是利弊共存的。例如互联网媒体的内容能够进行修改,这也是传统纸媒做不到的。利的一面是,如果发现问题,或者有了新的变化,互联网媒体可以对已经发布的内容进行更新;弊的一面则是信息的可修改降低了传播内容的公信力。

同样,互联网媒体具有巨大的信息存储量,发稿数量和稿件长度不再被严格控制,然而海量信息带来的问题是要传播的内容可能很快被淹没。

提供给互联网媒体的文案要注意

- 标题能够吸引人的眼球。
- 内容要"有用"。
- 不需拘泥于篇幅,但尽量短,用好图片,适当使用相关链接增加信息量。
- 语言尽量轻松活泼,可以使用网络语言和流行的热词。
- 进行关键词优化,一定要特别关照一个特殊的"读者"——搜索引擎,标题中更要有关键词。

1.4.3 自媒体

自媒体译自英文"We Media"。

美国新闻学会2003年对自媒体下了一个定义:"自媒体是普通大众经由数字科技强化、与全球知识体系相连之后,一种开始理解普通大众如何提供与分享他们本身的事实、他们本身的新闻的途径。"

不过,自媒体本身也是在不断发展变化的。

当某种传播形式有了明确的媒介主体并形成一定社会影响力时,应该就可以说成了一种媒体。自媒体最早的雏形应该是BBS和论坛中的独立ID,当博客兴起的时候,独立的"人"作为媒介主体得到强化,真正开启了自媒体时代。

之后,自媒体以微博、微信、抖音/快手等形式出现,伴随社交网络化程度的加深,信息传播能力不断提升。

在国内,公众认知中对自媒体传播主体的界定也发生了变化,由个人扩展到了个人和团体以及一些非媒体的组织。

与传统媒体相比,自媒体拥有着更大的话语空间与自主权,而且进入门槛非常低,并不需要特别的专业技术,每个人都可以利用自己的账号传递信息,表达观点,构建自己的社交网络,也表现出了更强的个性化。

第 1 课
认识易传播的文案

除此之外，自媒体的互动性在一般互联网媒体的基础上进一步增强，其发布的信息能够通过社交网络迅速传播，而评论、分享等功能起着推波助澜的作用。一些粉丝基数较大的自媒体文章，阅读数可以在短短数十分钟内超过 10 万次，这是传统媒体所无法想象的。

通过自媒体推广的文案要注意

- 标题可以稍长，可使用标点符号、网络用语，重要的是一下抓住浏览者。
- 语言风格活泼生动，可以做主观表述，更讲究趣味性。
- 选择有意思的配图，适当使用表情包。
- 能够直接宣传活动、讲产品，引导购买，顾忌不多，但要实事求是。
- 主动引导分享转发。

1.4.4 电商平台

电商销售文案的写作目的非常直白，就是销售产品。

根据中国互联网络信息中心（CNNIC）发布的第 43 次《中国互联网络发展状况统计报告》数据，截至 2018 年 12 月，我国网络购物用户规模达 6.10 亿，占网民整体比例达 73.6%。网购已成为多数网民的一种生活方式。

电商平台的表现形式也在推陈出新。

综合型购物网站是最早出现的电商平台之一，同时还有一些自营的电商网站。经过多年的发展，现在主要的综合型购物网站有淘宝、天猫、京东等。

社交电商平台是依附于互联网社交网络出现的销售渠道。因为便于通过社交网络进行传播，微商等社交电商行为改变着传统的规模化生产、规模化营销的方式，推动了小群体营销甚至个体营销的发展。

现在多数商家在选择自建电商网站的同时，也会在其他电商平台推广销售产品，并不断利用社交媒体向自建的电商网站导流。

电商重新定义了传统的销售模式，通过减少中间环节，使消费者和生产者直接交易成为可能，有效降低了成本。而且交易的便捷性，也大大缩短了产品从地头到餐桌、从车间到买家的时间，可以按需采摘、按需生产，降低产品的库存积压。

电商销售文案的写作要注意

- 将尽量多的关键词放入标题，如多个名称、特点、用途等。
- 结合应用场景讲卖点更能打动人，将最能解决消费者痛点的卖点往前放。
- 突出品质，使用高画质图片，用图片说话，也可以插入视频介绍。
- 讲清楚规格、强化性价比。

下面来看两个电商产品标题：

- 女短靴齐踝春秋新款女鞋百搭中跟粗跟瘦瘦靴短筒增高网红单靴
- 澳洲 swisse 清洁面膜麦卢卡蜂蜜泥膜深层清洁收缩毛孔控油吸附黑头

是不是看着就有"一脸懵"的感觉？不过这样的标题，对于在电商平台上被更多地检索到从而增加销售量确实有效。可以说，电商平台上的标题是最不像标题的，它跟之前几种媒体的标题都不同，其制作标准是以能够更容易被搜索到为目的。

1.4.5　视频平台

视频可以直观展示产品，可以声情并茂地向消费者传递信息。最近两三年时间，随着直播平台的火爆，通过网红直播进行产品销售的方式，渐成气候，而快手、抖音等短视频平台也成了产品销售的新载体。

在 2009 年前后，"抢车位"游戏随着开心网火爆网络，当时有一个标致汽车的小视频可谓视频营销的典范。

小视频长度仅有 80 多秒,画面粗糙,没有解说,同期声也只是两名拍摄者的对话。视频拍摄者站在高处,一辆标致车驶来,想倒入停车场里两车之间的一个车位,不料有一辆奥拓车迅速抢入,靠着车位一侧停了进去。标致车司机稍做犹豫,仍然倒进了那个车位的剩余空间。两辆车将车位塞了个满满当当,这下哪个车的司机也别再想下车。冲突已经形成,就要看怎么解决了。这时,标致车的顶棚竟然渐渐收起,变成了敞篷车,女司机起身扬长而去,留下奥拓车司机从车窗里伸出胳膊挥动着告饶……

是不是很有意思?许多网友看后不仅没有骂广告,反而主动传播,这个小视频仅在优酷平台就积累了 800 多万次的播放量。说这个视频是广告,是因为有两个不合情理的地方,一个是在最初标致车一出场的时候,拍摄者刻意说出了标致车的型号,再一个,是按常理奥拓车停车绝不会紧贴着旁边的汽车停靠而在另一侧留下可以塞下标致车的大空隙。不过,对网友来说这都不重要了,标致车可以收起顶棚碾压奥拓,这出乎意料的"神操作"已经征服了他们。

视频给了产品营销更大的创意空间,令网友可以立体全面地了解产品,身临其境地感受产品,心甘情愿地传播产品。以"淘宝口红一哥"李佳琦等为代表的一批网红主播更是笑傲网络,根据 2019 年淘宝直播 330 大会上发布的数据显示:

2018 年淘宝直播实现带货 1 000 亿元,进店转化率超过 65%,有 85 名淘宝主播的直播间年销售额过亿元。

这进店转化率和个人销售额如果放在实体店中,绝对是想都不敢想的。难怪 2018 年年底时,淘宝电商内容部门负责人面对媒体采访时信誓旦旦地表示,伴随着内容价值的不断放大,未来三年,淘宝直播将带动 5 000 亿元规模的成交。而在淘宝直播之后,也还有蘑菇街、京东等平台开通服务,争相创造视频直播变现的奇迹。

同时,借助抖音、快手等平台的短视频传播也同样战绩令人惊叹。

某日本品牌瘦身器械的代理商告诉我,他们在抖音上尝试与网红合作,拍摄了一条使用新型产品的视频,视频时间仅有 10 秒,发布第一天的销售量就超过了 100 台。

撰写视频营销文案或策划脚本要注意

- 简短紧凑，在网友观看意犹未尽时戛然而止。
- 创意型内容，情节要出其不意。
- 直接介绍产品时直接引导使用产品，要有带入感，令网友感同身受。
- 通过必要的文字补充，强化产品亮点信息。
- 注明购买方式，做好转化引导。

小 结

"酒香不怕巷子深"是一句流传千年的俗语，它传递的是小作坊时代的营销理念。那时候，因为信息、交通、物流等原因，大多数的商品卖不出十里八乡，而且生产能力有限，有好的产品，只需要有"香味"飘出去，带来的销售量也就够了。

但时至今日，尤其是在商品不再稀缺的情况下，海量信息渐欲迷人眼，"酒香不怕巷子深"式的口碑传播已经不能满足企业发展的要求，反倒是"市场上吆喝越响的，往往是卖货最多的"。

因为吆喝得越响，吸引到的注意力就越多，产生的互动就越多，卖的货也就越多。其实，还有一个原因，大家喜欢优先购买有名气的产品，而产品的名气是可以吆喝出来的。如果想了解怎样吆喝自己的产品，请关注微信公众号"岱北新媒"，在公众号内发送"吆喝"。

所以，做好一款产品不仅要把住质量关，更要主动做好推广传播的大文章。

有种说法叫"做媒体""玩互联网"，传统媒体和一些官媒的互联网是严肃的，而属于年轻人的互联网是个性化的，对待它时，越是放松了心态，如玩乐一般，越容易融入进去，也越容易做出更有效果的传播。

课后演练

归纳一下你的信息获取习惯及所选择媒体的传播特点。

信息获取习惯统计表			
序号	获取信息的媒体名	获取的内容所属领域	该媒体特点及你的选择理由
1			
2			
3			
4			
5			
6			
7			
8			
9			

第 2 课
构思前要先找到目标受众的真"痛"

章节重点
- 了解不同群体的痛点是什么。
- 掌握找出受众痛点的方法。

思考提示
- 张先生需要购买代步工具,在什么条件下,买一辆价值 20 万元以上的私家车会成为他的痛点需求?
- 你自己最迫切需要解决的痛点是什么?"痛"在哪里?

2.1 文案创作者的最大价值不在于写文案

还在报社做记者的时候，我就经常考虑一个问题："做记者最需要具备的特质是什么？"

多数人会认为是"能写好新闻"。

其实，答案并不这么简单。因为按这个理论说，中文系、新闻系毕业的记者一定都是优秀记者，因为他们比其他专业毕业的同行更能写。

但我得出的结论是：做记者最需要具备的特质是"发现好新闻的能力"。

因为对每一位记者来说，"写作"已经成为必备的基本功。而大家发现新闻、观察新闻、剖析新闻的能力却很不一样，只有具备了发现好新闻的能力，才可能抓住它、写出来，然后成为一名优秀的记者。

对文案创作者来说也是这样。

一名优秀文案创作者的最大价值也不是体现在写文案上，而在于他的策划能力，在于他有着层出不穷、四两拨千斤的"金点子"，并且能够直接切中目标受众的"痛点"！

怎样才能总有层出不穷、四两拨千斤的"金点子"，并且能够直接切中目标受众的"痛点"呢？

这还真不是一件简单的事情。它需要对知识的广泛涉猎、对生活的深层认知、对人性的精准把握。所以，文案创作者要努力使自己成为一个"通才"。

2.1.1 文案创作者需要懂点儿产品

假如现在你需要写一篇文案，推广公司的新产品"智能门锁"。你需要怎么开始这项工作呢？

第一步，要先了解这个智能门锁是什么。

在公司里，最了解一个产品的人，通常是这个产品的产品经理。

产品经理在公司里是个既牛气又辛苦的岗位，曾经有个说法：产品经理是距离CEO最近的职位。这也是真的，创业公司的CEO多数肩负着"首席产品经理"的职责。

百度百科中是这么定义产品经理的：产品经理（Product Manager）是企业中专门负责产品管理的职位，产品经理负责市场调查并根据产品、市场及用户等的需求，确定开发何种产品，选择何种业务模式、商业模式等，并推动相应产品的开发组织，他还要根据产品的生命周期，协调研发、营销、运营等，确定和组织实施相应的产品策略，以及其他一系列相关的产品管理活动。

文案创作者虽然不用像产品经理那样推动产品的开发，但是在对市场及用户需求、业务模式、商业模式，乃至产品的功能细节设计的了解上，都不应该逊于产品经理。因为只有充分了解了产品，才可能做好策划，写好文案。

不过，出于工作性质的原因，产品经理是产品从无到有的创造者，文案创作者则是产品批量生产后的推广者，故而他们就用户与产品关系的思考路径会不同。

产品经理的思考路径是从用户圈—需求发掘—产品研发，文案创作者则是逆向的，要由产品—需求—用户一路倒推回去，如图2-1所示。

```
产品经理
用户→需求→产品
文案创作者
产品→需求→用户
```

图2-1 不一样的思考路径

文案创作者虽然不需要像产品经理那样去推动开发，但要制定有效的传播策略，更需要思考清楚：

- 产品解决了什么问题？
- 解决的这个问题是谁的问题？
- 这个问题有多大？
- 产品是怎么解决问题的？
- 与同类产品比，这个解决方案的优势是什么？

2.1.2 文案创作者需要做第一用户

对产品有了主观的了解，接下来，需要好好地试用产品。文案创作者只有亲身体验过，写文案的时候才能更有针对性，也更有真情实感。

在报社的时候，我们设有一个很特殊的岗位，叫"第一读者"。

第一读者是报纸发版印刷之前的最后一道关口，其主要任务是检查、核对即将批量印刷的报纸稿件，从新闻导向到文字细节。他会通读整份报纸，是编辑部的"质检官"。这个岗位需要全面的知识、严谨的态度，而且能够不以自己好恶来客观审视每一条内容。

面对新产品，文案创作者也应该和产品经理一起，做公司里的"第一用户"，认真地使用和体验产品，而后由己及人，客观感受用户体验，才能总结出打动消费者的产品亮点。

我们凭观察介绍一款产品，对其的描述往往是抽象的，只有体验过，对其的描述才会具体。例如，向消费者传递一款青梅酒凉着喝口感比较好，要怎么表述呢？

"这款酒加点冰块会更好喝。"

很客观的信息传递，消费者的反应通常会是"哦"一声表示了解。

"在这款酒里放两块冰块，会变得特别酸爽清凉，非常适合在夏天饮用。您可以试试。"

这则信息融入了主观感受，是不是感染力更强？不过，这个主观感受，通常来源于个人对产品的真实体验。

从用户角度出发体验产品，才能更明确地感受到产品的用户是哪些，针对用户写出的文案也才能更有感染力。

那么，怎样做产品体验呢？

1. 完整、有深度

作为用户，对产品的外观感受是什么样的？

如果是实体产品，其材质、光泽怎么样？手感怎么样？

在什么场景下使用产品？

从外观感受到深度细节，解决用户需求的过程是什么样的？效果怎么样？

操作是不是简便？有没有逻辑问题？

所有功能分别有什么作用？有没有画蛇添足？

尝试一些恶意操作，结果会怎么样？

要完整体验产品，每个环节不要想当然因为每一个遗漏都可能暗藏着问题。

2. 持续体验

要在一个周期内持续体验、反复体验产品，避免浅尝辄止。

3. 做同类产品对比

"没有对比就没有伤害。"不深刻了解竞争对手的产品，也就无法知道你的产品在哪一方面更有优势，所以不能忽视对比体验。例如你的产品是一款面膜，那除了使用自己的产品，必须找来竞品进行体验，发现彼此的优缺点。

2.1.3 文案创作者需要了解心理学

为什么说写文案的人还要了解心理学呢？

只要多研究在线销售数据就能发现，在快消品的购买上，女性用户比例要明显高于男性。因为在购买东西时，女性表现得更感性，更容易受到产品介绍、描述的影响。

文案怎样对受众施加影响更有效？当然是借助心理学。

下面，我们来看一个有意思的案例。

如果某杂志的推广文案里有下面 3 个价格，你会选择哪一个？

A. 一本杂志的电子版订阅价为 59 元。

B. 这本杂志的纸质版订阅价为 125 元。

C. 电子版 + 纸质版订阅价为 125 元。

看完，你是不是觉得 B 选项的存在没有意义？

这是《怪诞行为学》作者、麻省理工学院斯隆管理学院教授丹·艾瑞里做的一个实验。结果发现，面对上面三个选项，多数人会选择 C 选项电子版 + 纸质版，少部分人选择 A 选项电子版，没有一个人单独选择 B 选项纸质版。

但如果没有了 B 选项呢？实验结果是，多数人会选择订阅电子版，即选择最便宜的 A 选项。

实验中，B 选项的存在绝不是没有意义，而是意义非常大。购买者会习惯性地将 B 选项做成参考项，来判断电子版 + 纸质版的性价比，并从而选择 C 选项。

这就是心理暗示的力量，属于心理学研究的范畴。

根据"科普中国"科学百科词条编写与应用工作项目审核的百度百科中"销售心理学"词条的定义，**销售心理学是普通心理学的一个分支，是一门专门研究商品销售过程中，商品经营者与购买者心理现象的产生、发展的一般规律，以及双方心理沟通的一般过程的科学。销售心理学随着心理学、广告学、市场学等学科的发展，逐渐出现，并于 20 世纪 30 年代到 20 世纪 60 年代，随着消费者行为研究的发展完善，开始大规模地应用起来。**

在我们身边，你可能也会留意到商家的一些做法，例如：

1）将一些热销的商品放在靠里面的货架上；

2）故意引导顾客排队形成旺销的场面；

3）超市里反复广播，对一些紧俏商品限时、限量销售。

这些无不是在利用心理学原理来影响客户。

一名优秀的销售人员，通常不仅具备出众的口才，还能够通过客户行为及时把握客户的心理。他们更懂得"顾客要的不是便宜，而是感到占了便宜""针对具体客户，没有最好的产品，只有最合适的产品"等。

对于文案创作者来说，掌握一些心理学原理同样重要。例如：

1. 补偿心理

"补偿"一词，首先出现于阿德勒的心理学中。当个体因本身生理或心理上的缺陷致使目的不能达成时，改以其他方式来弥补这些缺陷，以减轻其焦虑，建立其自尊心，这种称为补偿。

现在，当人们因为主观或客观原因引起不安而失去心理平衡时，也会企图采取新的发展与表现自己的方式，借以减轻或抵消不安，从而达到心理平衡的内在要求。

2. 沉锚效应

沉锚效应，指的是人们在对某人、某事做出判断时，易受第一印象或第一信息支配，就像沉入海底的锚一样把人们的思想固定在某处。作为一种心理现象，在做决策的时候，人们会不自觉地给予最初获得的信息过多的重视。

3. 斯纳金的新行为主义学习理论

斯纳金的心理学实验装置就是著名的"斯纳金箱"。将一只很饿的小白鼠放入一个有按钮的箱中，每次按下按钮，都会掉落食物。结果小白鼠自发学会了按按钮。

实验证明，只要通过将行为与奖励不断重复、建立联系，就可以培养起操作者的行为模式。即奖励可以培养行为习惯。

……

成功的文案往往是对心理学原理具体运用的集大成者。

我们仅以刚刚提到的这3个心理学原理为例，看看它们对写好文案的帮助。

1. 标题：更抓人眼球

互联网时代是典型的眼球经济时代，海量信息干扰着受众的选择，这种情况更要求文案的标题能够从众多标题中脱颖而出，标题不仅仅要在一瞬间抓住受众的眼球，还应该一下击中受众的痛点，要把读者的心"提"起来。

"孩子情商高不高，就看家长平时有没有做这3件事，现在教还不晚"

这个标题就在利用家长的"补偿心理"。如果家长发现孩子的情商不高怎么办？这个文案似乎有解决方案，家长自然就要赶快看看了。

2. 内容：强化带入感

一篇优秀文案的内容最好能让受众感同身受或者参与其中。"沉锚效应"可以从心理上引导受众由某一点出发去思考文案所提及的问题，从而使其更容易接受作者给出的建议或开出的条件。

比如，在文案中强调同一产品"在实体店中售价598元，在网店的推广价仅售299元"，这个"598元"就是一个锚，向受众传递产品的"正常价格"，进而让受众感觉网店的推广售价确实"很便宜"。

3. 互动：培养参与者互动习惯

受众在阅读完一篇文案后，为什么愿意主动去转发、评论，或者参与其中的活动？研究发现，刺激受众参与互动的最有效方法就是提升受众的满足感。例如，给受众足够的优惠或者奖品鼓励，或者能够令受众感觉他参与互动能够帮助到他人、彰显自己的品位或价值等。

在这里，斯纳金的新行为主义学习理论应用就很有价值。可以通过有奖互动的形式，不断引导、强化受众的互动行为，进而使其参与互动的行为渐渐成为习惯。

2.1.4 文案创作者需要有点小市侩

"市侩"是个贬义词，根据《新华字典》的注释，指"唯利是图、庸俗可厌的人"。这里提到需要有点小市侩，是想说写作文案一定要有商业头脑，不要忘了商业运营的目的——"赚钱"。

前些天，我接到一位朋友的电话，他问我最近在忙些什么，我回答说：

"写自媒体。"

他紧跟着问一句:"写自媒体能赚钱吗?"

我呵呵一笑,他的问话貌似"市侩"了一点,但我很认可他的直白。做事即使是为了情怀,也要有所收益,否则情怀将难以为继。

文案创作是商业行为,文案创作者需要具备"商业头脑",写文案的目的无论是为了销售产品还是为了引流,都无可规避地要努力地去琢磨用户的痛点,关心文案的转化率。

商业头脑需要活跃的思维、前瞻的眼光、丰富的知识储备和敏锐的洞察力。对于文案创作者来说,这些本来就是应该具备的,那怎么有时还会感觉头脑不够"商业"呢?

不知道你有没有注意过,技术人员和销售人员在沟通方式上是有区别的。

假设,公司组织了一个重要的会议,参会嘉宾有300人,现在已经是晚上9点,突然发现第二天一早8点的日程有变动,必须通知到所有嘉宾。公司的会务组织人员一起讨论解决方案,大多数技术人员的第一反应一定是"这件事做不了,我们群发短信要通过第三方平台,内容必须要他们审核才可以,可他们已经下班了,我们联系不上"。

而销售人员通常会说:"好,我去办。"

销售人员接完任务,可能就开始沉默,在努力想解决的办法,甚至盘算着是不是去酒店挨个儿敲门通知。20分钟过去,销售人员终于想到,组织10名同事,每人给30位嘉宾发短信通知并打电话确认。

销售人员在接下任务的时候其实也没有解决方案,只是习惯性地应承下来。就像技术人员会习惯性地拒绝或谈条件。

在现实工作和生活中,技术人员习惯先选择摆困难再考虑怎么解决,而销售人员习惯先直接应承再考虑如何克服困难。

这是因为,技术人员比较务实、直接,遇到问题会首先考虑解决的路径,评估将遇到的困难;销售人员则客户至上,首先考虑满足客户需求,答应下来,然后就千方百计想办法解决。你会发现,当销售人员最终真的难以解决困难时，她会说服客户选择一个替代方案。总之，问题还是解决了。

潜意识里要满足客户的需求是销售人员解决问题的强大动力。而文案创作者的潜意识中有了"每篇文案都应该创造出商业价值"的目标，也就有了"具备商业头脑"的动力。

同时，这种"小市侩"还要体现在产品推广、促销活动的规则、流程设计与传达上，要意识到规则和流程上的任何一点漏洞都可能给公司带来巨大的经济损失，涉及钱的地方一定要精打细算，认真再认真。

2.2 怎样判断受众的需求是不是"痛点"

产品的最高价值在于能够"解决用户痛点"，而**产品传播文案的重要作用在于将产品与用户痛点"对接"起来，提醒受众二者之间的关系，引导其为解决痛点选择购买产品。**

在大家普遍认可的概念中，痛点是指特定用户强烈需要解决而暂时还难以解决的需求。

美国心理学家亚伯拉罕·马斯洛有个著名的马斯洛需求层次理论，1943 年他在《人类激励理论》论文中提出，可以将人类需求像阶梯一样从低到高按层次分为五类，分别是：生理需求（Physiological needs）、安全需求（Safety needs）、爱和归属感（Love and belonging）、尊重（Esteem）和自我实现（Self-actualization）。

这个理论的通俗理解是：假如一个人同时缺乏食物、安全、爱和尊重，通常对食物的需求是最强烈的，其他需求则显得不那么重要。只有当人从生理需求的控制下解放出来时，才可能出现更高级的、社会化程度更高的需求（如安全需求）。

在自我实现需求之后，还有自我超越需求（Self-transcendence needs），但通常不作为马斯洛需求层次理论中必要的层次，会合并至自我实现需求当中。马斯洛早期著作中还提及另外两种需求：求知需求和审美需求。这两种需求也没有被列入到他的需求层次排列中，他认为它们应居于尊重需求与自我实现需求之间。

只要能够满足用户任何层次的需求，这个产品都是有价值的。我们想让自己的产品更畅销，那就要努力找到它能成为用户强烈需求的可能性。

正常情况下，我们每天上下班会乘坐交通工具，交通工具是我们的需求。

假如：

张先生从家到单位，没有可用的交通工具。

如果从家到单位距离1公里，买辆价值20万元以上的私家车会是他的痛点需求吗？

如果从家到单位距离10公里呢？

如果从家到单位距离20公里呢？

如果张先生从家到单位距离20公里，还是单位的高管呢？

你有没有发现，在判断产品对用户重不重要的时候，是有多个维度的，可以尝试按这个思路去衡量：

A. 需求在马斯洛需求层次理论中是第几层次

B. 需求强烈度

C. 性价比

D. 需求所在的层次（再一次衡量）

而在判断流程中，我们还会发现，驱动用户选购产品的需求也是多样的，可以划分为痛点需求、痒点需求、爽点需求和一般需求。

2.2.1 痛点

前面我们已经提到过，痛点是指特定用户强烈需要解决而暂时还难以解决的需求。

痛点需求一定是刚性需求。

下面来看本节张先生上班对交通工具需求的例子。

如果从家到单位距离 1 公里，没有交通工具，他可以选择步行，既环保又锻炼身体。偶尔比较着急的时候，他可以骑共享单车或者乘坐出租车。

如果从家到单位距离 10 公里，步行已经不可能，骑共享单车太累，每天乘坐出租车太贵，他可以选择乘坐公交车。着急的时候，他可以乘坐出租车。

如果从家到单位距离 20 公里，乘坐公交车会比较慢，路上会需要 1 个多小时甚至更久，假如还没有合适的地铁线路，他就需要买一辆私家车了。

如果张先生从家到单位距离 20 公里，他还是单位的高管，他恐怕需要的就不仅仅是一辆普通私家车了，而是稍微上点档次的私家车。买辆价值 20 万以上的私家车就成了他的强烈需求。

按判断流程来分析：

A. 张先生要解决的是去工作的交通工具问题，是为了按时上班保障工作岗位和家庭收入，属于马斯洛第二层次的安全需求。

B. 从家到单位距离越远，他购买交通工具的需求就会越强烈。

C. 性价比是产品性能和价格之间的比例关系。从家到单位距离远近不同，1 公里时，步行+单车是最佳选择；10 公里时，公交车+出租车是最佳选择；20 公里时，私家车是最佳选择。

D. 张先生作为高管，可能还有马斯洛第四层次的尊重需求，因为他的"尊重"需求得到满足，从而对自己充满信心。所以他需要一辆有档次的私家车。

从马斯洛需求层次理论看，越涉及生存，例如生理需求、安全需求，其产生的强烈程度往往越大，越可能形成痛点。

基于此，由痛点引发的需求是最需解决的。所以，切中痛点去策划文案，对产品传播也会是最有效的。

在自媒体里，能切中生理、安全需求的文案往往阅读量都不低。不过，文案创作者要防止焦虑的蔓延，尤其不要去人为渲染焦虑。

2.2.2 痒点

痒是一种很复杂的感觉。在医学上，有学者认为，较轻的刺激引起痒感，而较强的刺激则引起疼痛。痒和痛没有明确的分界点。

用户对产品需求的痒点、痛点也不容易直接界定。不过，痒点应该是比痛点层次浅的需求。

痒点需求多数是改善性或者满足性的需求。

在张先生上班对交通工具需求的例子中，如果从家到单位距离10公里，公交公司开出的公交车完全可以解决他的痛点需求。

但因为坐公交车比较拥挤，有时候要花十几分钟等车，等车的时候冬天很冷、夏天很热……张先生还看到同事都在开车等，这些因素使张先生开始犹豫要不要买一辆私家车。

在这种情况下，张先生买车并不是为了解决出行的"痛点"，而是要让自己更舒适。这就是改善性的需求，即痒点需求。

还有一种痒点需求是因为没有充分满足而形成的，它的需求度要比刚性需求所形成的痛点要低。例如，有朋友向你推荐新出的一本小说，它非常有意思，值得一读。于是，你去买了一本。

你如果不购买这本小说，对你的工作和生活并没有什么影响，你购买它的目的只是满足你对内容的好奇心或者是阅读了解的需要。

对你来说，这本书也是痒点需求。

我们每天面临的多数需求其实是痒点需求。

商家想多卖货，往往会采取放大痒点、制造紧迫感的招数，以及提醒或者暗示用户，让用户心里更"痒"的招数。例如饥饿营销、恐吓营销等。

针对痒点的产品传播文案的策划与写作可以向这些商家借鉴。

2.2.3 爽点

为什么那么多人喜欢打游戏？有的人为了打游戏到了废寝忘食的地步，有的孩子甚至因此荒废了学业。

因为游戏的不确定性会令用户感觉新鲜，用户能够在相对较短的时间里快速过关得到升级或奖励，并获得成就感。而且打游戏时通过充值购买道具，可以快速提高等级和战斗力，在与其他用户的竞争中后来居上，从而产生愉悦感。

为什么有人喜欢开跑车？

因为他们喜欢那种生活方式，喜欢跑车带来的自由、速度与激情的感觉。

总之一句话，打游戏和开跑车都是让用户感觉到"爽"。或者说，游戏和跑车作为产品，分别满足了各自用户群体对"爽的体验"的需求，命中了他们的"爽点"。

好久没有吃烧烤了，凑巧晚上有好友相邀，于是一起大快朵颐，是不是很爽？

夏天在太阳下又热又饿，突然遇到一家冷饮店，痛饮一杯冷饮，是不是很爽？

爽点需求是纯心理感受层面的需求。

爽点可以使用户在得到快速、充分的心理满足后达到精神上的愉悦。在马斯洛需求层次理论体系里，它远远超越了生存需求以及简单的情感和归属需求，达到了自我实现和自我超越需求的层面。

因为存在纯心理感受层面，所以用户的爽点需求更具有主观性。用户可以为自己的"爽点"一掷千金，但商家要捕捉到用户群体性的爽点却相对较难。

多年来，在创业公司圈里，我曾多次目睹有的公司因为打造出一两款受欢迎的游戏而扬眉吐气，但也看到很多家公司的游戏因为去不了好的发行平台，最后落得关门歇业。

针对爽点的产品传播文案，最重要的是强化产品能带给受众的愉悦体验，去满足他们，打动他们。

2.3 怎样去找出受众的真"痛"

产品传播文案要达到的目的，是从目标受众中筛选出产品的用户。我们提升了自己写作文案应具备的素质，也了解了找到目标受众痛点对文案策划的必要性，那么有什么方法能找到他们的真"痛"呢？

用户痛点的来源主要有两种。

一种是用户普遍存在的痛。用户已经意识到它的存在，并努力寻找解决的方案。对这种痛点，文案需要的是突出产品的效用。

还有一种是长期存在，用户并没有意识到，但随着科学技术的进步，让解决成为可能，经过"提醒"后可让用户感受到的痛。这种痛点的解决往往是变革性的。例如固定电话的出现，发掘出人们需要随身带着电话，随时随地与人沟通的新痛点；汽车出现，带来了人们对高速公路需求的新痛点。

就像"家家有本难念的经"，在各个领域、各个阶段，每个不同的群体，其实都存在着各种各样的痛点。

对文案创作者来说，面对已有的产品，应该怎样去找出受众的真"痛"？

找到文案受众的真"痛"，也就找到了产品的卖点所在。

2.3.1 自己体会的痛点才是真痛点

自己体会过痛，才知道是怎样的痛。

如果你站在一个旁观者的角度，通过想象去感受别人的痛，然后试图说服用户购买产品，不是没有可能，但你的表达一定缺乏感染力。

有不少创业者，就是从解决自己或者家人的痛点出发研发产品的。

一位朋友创业的起因是他在结婚之后，发现在北京这种大城市，吃饭成了问题：

上下班的通勤时间动辄就要一个多小时。

18:00下班，稍微加会儿班就要19:00后回家，在附近超市买点菜到家就已经20:30。

洗菜、做饭。饭菜上桌时，21:10左右。

吃完晚饭，21:30。

稍微拖拉十几分钟，洗完碗，收拾好厨房，已经22:00了。

如果在外面吃，可以节省一些时间。但小饭馆的食用油、饭菜卫生有些让人不放心；卫生好点的饭馆，总去吃，钱包有些让人不省心……

他在和自己几位好友聊天的时候，发现其他人也有这个烦恼，尤其是刚刚有了孩子的家庭，感受更深。

于是，他们做起了半成品净菜的O2O项目，定位是固定区域的北京年轻的白领人群，用户可以提前网上下单，他们将食材洗净、切好，搭配好烹饪调料封装，放在冰柜里，等用户傍晚下班时从地铁口领走。

因为痛点清晰，只发了几篇文案，他们就聚起首批用户，并很快获得了天使投资。

有的文案创作者面对的可能不是根据自身痛点打造的产品，那么可以到预设的痛点场景去体会验证，感受痛点带来的困境和问题，并换位思考——如果自己是用户，这个产品对自己有什么帮助？是不是真的能够解决痛点。

只有身临其境，文案创作者才能与用户产生共鸣，把握住他们的痛点，写出更贴心的文案。

2.3.2 递进分析，找到痛点真实所在

如果你的女朋友发信息给你，写的是："我想你。"

你应该怎么回答？回答"我也想你"是最好的答案吗？

当然你可以赶紧跑去，让她看到你。但对你的女朋友来说，她的痛点真的只是"看不到你"，想你了吗？

心理学专家认为，不是这样的。

当她说想你的时候，一定是在一个特定的场合，譬如看到了别人恩爱，或

者是独处时心里特别失落。这时，她突然意识到自己此刻爱的缺失。于是，她想到了你，渴望你在她身边。

所以，你赶紧跑去，并不是让她看到你，而是你去看她，从心理上给她安慰。而回答"我也想你"并不能达到有效慰藉的效果，难以解决女朋友心理上的"客户需求"，你不妨回答"我爱你"试试。

在这个小例子中，女朋友表达的是她表象的感受——"想你"，而实际上"渴望被爱"才是她深层次的痛点，所以解决方案是你赶快做出"爱她"的表达。

痛，有表象的痛和本质的痛。拨开表象看本质，这是医生们非常讲究的。如果患者嗓子疼，他会首先考虑患者是不是感冒了，然后通过问诊和检查来确认或排除。

文案创作者在策划产品传播文案时，也需要拨开表象，了解用户"痛"的根在哪里，对症下药。

有个非常经典的卖电钻的例子。

假如你是卖电钻的售货员，顾客来了，你会怎么问他？

"您好，您要什么牌子的电钻？什么型号的？"

如果用户也说不清楚，你接下来怎么处理？

介绍几个牌子、讲各自的优点、讲钻头多么经久耐用、一年保修、一个月包换……恐怕顾客更加一头雾水了吧。

但如果你换一个思路，关注顾客来买电钻不是要买什么，而是要干什么。你会怎么问？

"您好，您买电钻要做什么？"

"打个洞。"

然后你可以接着问，在什么地方打，打个什么样的洞，要打多大、打多深……顾客描述之后，是不是你就可以向他精准地推荐产品了呢？

"结果"才是用户真实的需求。就像吃饭，吃饱了、不饿才是真实的需求。

顾客表面上需要的是一台电钻，而真实的痛点是要"打洞"。你围绕"卖洞"来推介产品，这个销售就会变得容易许多。

总结起来，这个方法就是把思考用户需要什么，转变为思考用户需要做什么，递进分析，找到痛点所在。

2.3.3 细化用户的需求

用户的需求，尤其是痛点需求，转化成产品的时候一定是具体的。

例如你需要给自己买一双鞋。貌似需求很简单，但选择的时候你会考虑许多因素：

A. 男鞋还是女鞋？

B. 鞋的尺码大小是多少？

C. 款式怎么样？

D. 什么场合穿？

E. 通常配什么衣服？

F. 通常配什么颜色的衣服？

G. 偏好什么样的品牌？

H. 鞋的舒适度怎么样？

I. 鞋的质量怎么样？

G. 是不是防滑？

K. 预算是在什么价位？

下面我们归纳一下这些因素分别反映了什么需求：

A、B是筛选产品的基础要件。如果这两项不符合，这个产品对你来说就是无用的；

C是审美需求，自己是不是觉得好看；

D、E、F是性能需求，即是满足你用来做什么的（某种场合、搭配某种衣服穿）；

G是尊重需求（因为品牌通常体现的是自己的身份定位）；

H、I 是体验需求；

J 是安全需求；

K 是价格需求。

简而言之，作为用户，我们在选择产品的时候至少会考虑审美需求、性能需求、尊重需求、体验需求、安全需求和价格需求。

那么，对大学生来说，这 6 种需求从重到轻的排序是什么？

对写字楼白领人群来说，这 6 种需求从重到轻的排序是什么？

对公司高管人群来说，这 6 种需求从重到轻的排序是什么？

对老年人来说，这 6 种需求从重到轻的排序是什么？

排在最前面的，应该就是这个群体的痛点所在。

2.3.4 找到恰当的对标产品

2010 年的时候，有位朋友和我探讨他的一个天马行空的创意。他认为他想做的产品可以满足特定用户的需求，但看不到变现的希望。

朋友说，我要做个万能遥控器。你看，家里有那么多的遥控器，电视的、空调的、机顶盒的、DVD 机的，甚至游戏机的……我想专心做一个遥控器，将所有的遥控器功能集合起来，再把家里的电话机也集成进来。

我问他，你算算成本，估计这个万能遥控器要卖多少钱呢？

他考虑一下：1 800～1 900 元。卖 10 000 个，收入近 2 000 万元，全国那么多个家庭……

我问他：花 1 800～1 900 元买这样一个遥控器，你自己会买吗？

他回答说：不会。

我问了朋友另一个问题：如果有一款手机，它除了有一般手机所具备的功能，还能取代遥控器，操作家里的电器。这款手机卖 2 900 元，你会买吗？

会买！朋友一下挺直了腰板。

那次对话之后，朋友并没有去做万能遥控器或者是集成遥控器功能的手机，不过这件事却给我们打开了一个话题：同样的一个产品，只是描述的角度不同，为什么它在人的潜意识中的价值定位会有如此大的差异呢？

其实，说来很简单。

当给这款东西取名叫"万能遥控器"的时候，我们会顺着这个名字进行定位，认定它就是一款"遥控器"，虽然有打电话的功能，但它的对标产品仍然是遥控器。

而遥控器一直是电器的附件，购买电器时附带，给人感觉是免费获取的。我们已经有了免费的解决方案，为什么还要多付上千元另购一份呢？

但给它取名叫"能操控家里所有电器的手机"时，我们想到的是，它是"手机"，对标的产品自然就是市面上琳琅满目的手机了。手机的价格往往在几百到几千元，而这款手机比较强大，有着集成操控家里电器的功能，不到3 000元，太物有所值了！

产品的价值体现来自对标产品。

对标产品应该是同一品类、受众已经熟知其价值的产品。产品选对了对标产品，从而向用户暗示，自己能够解决的是对标产品所能够解决的用户"痛点"，也更容易确立价格体系并为用户接受。

创新型的产品在面世之初，往往更需要通过确定有着类似功能或部分功能的对标产品来确定自身定价，并借用对方所解决的"痛点"来诠释自己的应用场景与价值。例如，微信、超高清数码相机等。

2.3.5 发掘用户反馈的深层次信息

产品由用户直接使用，他们最清楚这款产品最终解决了自己关心的什么问题。注意用户针对产品的反馈，发掘其中深层次的信息并不断修正，这是比较被动的方法，但也是找到用户痛点的有效方法之一。

我曾经关注的一名创业者和他的几位小伙伴在北京做同城时令生鲜电商，

在产品推广方面,他们会定期举办"试吃"活动,在某种时令水果上市之初,召集目标用户一起品鉴,然后促成销售。

有一次品鉴新疆哈密瓜,有位用户感慨说:"为什么好多水果吃不出小时候的味道了呢?"

说者无意,听者有心。这名创业者开始和小伙伴们分析,最后大家认为,吃不出"小时候味道"的很大原因是现在吃到的瓜果不是"自然成熟"。小时候,运输条件有限,大家多是在田间地头或是在产地集市上买水果吃,水果新鲜,而且已经自然成熟。而如今,水果多是在六七成熟时便被采摘下来,长途运输,到了客户家里甚至还要放三五天才被"捂熟",其口感当然大打折扣。

于是他们专门策划了一个新产品"哈密瓜之旅"。参加者在乌鲁木齐集合,在接下来的3天时间里,大家吃在农户,住在农户,访民俗旅游村,看哈密瓜博物馆,参加者品尝了100多种哈密瓜,最后还能在地头亲手摘一个瓜带走。

哈密瓜之旅的价格很是不菲,每人18 800元,但成行者多达60余人,而且反响非常好。

上文中的这名创业者是从用户传递出的信息中捕捉到用户的需求,并进行满足。在市场上还有很多有趣的事情,如你的产品初衷是要解决用户的A需求,但最后被发现解决了用户的B需求。

例如,小宝宝的脑袋定型是许多家长特别关注的一件事情。

一款婴儿枕定位于满足家长的这一需求,采用人体工学设计,枕芯透气吸汗,填充物使用草本植物,天然环保。婴儿枕经过工艺处理,使用起来非常舒适,有定型防偏头的功效。

有一次,一位客户在接受回访的时候反馈说:"你们的产品太棒了!孩子以前睡觉之前会有点闹觉,使用你们的产品之后,他一般很快就能睡着了!"

听到这个反馈时,你是不是感觉猛然间抓到了点什么?

婴儿闹觉也是许多家长的一个痛点!

依据这条信息,这家婴儿枕公司马上有针对性地做了一个产品使用效果调查,了解那位客户反馈的情况是个案还是普遍存在。如果调查结果显示,的确有大量孩子的睡眠能得到改善,接下来就可以联系专业机构,做一个测试,找到科学依据。

然后,缓解婴儿闹觉、有助眠作用的婴儿定型枕将成为这款产品的一大卖点。

这类事例在医药界也不少见。

20 世纪,普强公司推出了一款口服降压药米诺地尔,然而它的副作用会导致严重的心包积液,也会加重心绞痛的发作,所以很大程度上限制了米诺地尔的应用。后来,这款药又有了令人啼笑皆非的反馈:在服用的患者中,80% 以上的人会在 3~6 周内出现不同程度的毛发生长、变浓密或是增粗!

普强公司看到了巨大的商机:他们研究发现,把米诺地尔制成溶液涂抹在头皮上,对雄激素脱发有良好疗效。1988 年,治疗脱发的米诺地尔溶液在美国上市,并逐步进入数十个国家/地区销售。

产品经理在设计产品时会调研,但产品对用户需求的满足主要还是建立在产品经理的逻辑推理之上的。只有产品出来,获取到用户的反馈信息才能证实这个产品到底能满足什么需求,满足的程度怎么样。而围绕用户反馈策划撰写的文案才会有更好的转化效果。

2.3.6 对比体验,研究竞品的"差评"

竞争对手的用户群体和你的是一致的,他们的用户群体的痛点跟你的用户群体的痛点也是一致的。

通过研究用户对竞争对手的体验反馈,可以进一步完善自有产品,提高竞争力，也可以确认自身优势并进行差异化竞争。

竞品的"差评"尤其宝贵。

从2014年开始，周建发现欧美家用市场智能锁的应用率为50%左右，而国内仅为3%，于是与两位朋友开始研发青柠智能锁。

这款智能锁可以通过手机App远程开锁，可以开启手机蓝牙实现触碰式无钥匙开锁，还可以分发短期开锁码给临时居住的客人。

8个人经过一年的努力，终于开发完成产品。

但令人郁闷的是，市场上已经有两个品牌的智能锁得到了用户认可，而且功能和青柠智能锁基本一样。

那么新品牌、新产品如何突围？

周建为此伤透了脑筋。

1天，他在逐条翻看两个品牌在电商平台上的用户评价时，突然发现了一条差评："门锁有问题！当与门锁匹配的手机放在门后附近时，别人能够从外面直接将门打开！"

周建连忙组织同事测试自家的门锁。

经过上百次测试后，令他头冒冷汗的事情发生了——当匹配的手机放在门后某个特殊角度时，他们的门锁也被从外面触碰打开了！

周建决定推迟产品投放市场的日期，整个团队开始对青柠智能锁优化升级。半年后，当其他厂商还在建议用户"不要将匹配的手机放在门后"时，青柠智能锁实现了能够精确定位手机在门内还是门外，杜绝有人尾随触摸开锁的安全问题。

安全成为青柠智能锁快速挤占智能锁市场的法宝，产品也进一步扩展应用到了民宿、酒店、短租等行业。

青柠智能锁正是从竞争对手的一条差评中发现了突破市场的机会。那么怎么研究竞品的差评呢？常用的方法有：

- 关注竞品的用户在线评价。

- 掌握包括竞品在内的行业舆情信息。
- 针对竞品产品做用户调查。

2.3.7 发现与"跨界痛点"的结合点

我前几年去青岛海尔集团,在他们的陈列馆里,看到过一款洗地瓜的洗衣机。

据陪同的员工介绍,1996年前后的时候,海尔集团老总张瑞敏到四川出差,听说洗衣机在当地的农村销不动,原因是农民感觉排水口老是被堵死,机器不好用。

原来,在当地带泥的红薯洗起来费时又费力,有农民就直接用洗衣机来洗,皮屑和泥土很容易堵死排水口,农民也就不愿意再买洗衣机了。

张瑞敏由此发现了农民的"痛点"。他回厂后,立即要求开发部门开发能洗地瓜的洗衣机。1998年4月海尔能洗地瓜的洗衣机批量生产,而且除了洗地瓜,还能洗水果甚至洗蛤蜊,价格848元,首批生产一万台,很快售罄。

后来,海尔发现,每年安徽、江苏的小龙虾大量上市,小龙虾店、排档生意火爆,但小龙虾不好洗,于是针对这一特殊难题,专门设计推出了能洗小龙虾还不掉爪的洗衣机。

从洗衣服,到洗地瓜,再到洗小龙虾,这思维跳跃的确令人脑洞大开。不过这跨界的需求,的确是客观存在的痛点,而且只需要将产品稍作改变就能够解决,何乐而不为?

在德国,也有一个用现有技术跨界满足用户痛点需求的案例。

长期出差的人多数会遇到一件苦恼的事情,就是洗衣服。如果放酒店洗是一笔不小的开销,并且难以掌握卫生状况,而自己手工洗又太麻烦。

2015年,一名叫莉娜·索利斯(Lena Solis)的德国女士发明了一种洗衣机:只有肥皂大小的Dolfi洗衣机,并在网上发起了众筹。

这款洗衣机功力超群，不伤害衣服，不论是与手洗还是与正常洗衣机比，其去渍效果都更加显著。

它便于携带，与普通肥皂大小相近，重量只有 300g，洗涤各种布料、衣服种类全都不在话下。

它操作简单，你只需要在水盆中放入水和衣服，加入洗衣液，打开 Dolfi 的开关，将它放进水盆，等 30 分钟，衣服就洗好了。

而且这种洗涤方法，比普通洗衣机节省 80 倍的能耗。

是不是很神奇？

但其洗衣原理非常简单，只是把许多年前就被利用来洗眼镜、洗牙的超声波技术用到了洗衣服上。有时候，脑筋转个小弯，可能就满足了许多人的需求。

小　结

无论对创业者、投资人来说，还是对文案创作者来说，大家都喜欢谈产品的痛点。

谈痛点是没错的，因为只有抓住了痛点的产品才能成为用户的刚需。不过，也没有必要过分纠结于用户的某项需求是"痛点"还是"痒点"，因为它们之间本就没有明确的概念。

重要是掌握寻找用户痛点的方法，努力找到、找准用户深层次的需求。只要需求真实、迫切地存在，从贴近用户的角度策划、撰写文案，就一定能够打动他们。

本章主要通过案例介绍了找到真"痛"的 7 种方法，具体运用时，还需要多揣摩，多实践。

课后演练

针对某款产品,通过访问,寻找用户的痛点。

用户痛点分析表	
1. 模拟用户,这款产品能解决自己的什么需求?	
2. 询问用户买这款产品是要做什么?	
3. 对用户的具体需求一层层细化分析。	
4. 找到竞品,分析竞品具体满足的需求。	
5. 用户反馈中有没有更深层次的需求?	
6. 用户对竞品的差评是什么?	
7. 有没有其他领域的需求?	

第 3 课
有价值的素材去哪里找

章节重点
- 了解一名优秀的文案创作者所应具有的知识储备。
- 掌握文案素材积累的方法。

思考提示
- 你喜欢看的文案是什么样的?
- 你认为一名优秀的文案创作者,什么样的素质更重要,应该怎么去培养?

3.1 了解一点经济学知识

工作和生活当中离不开经济学。大到宏观经济形势对社会、对国家的影响,小到中午你出门吃饭的时候支付餐费。

对文案创作者来说,经济学和心理学案例可能无法作为素材直接写入文案,但这部分知识的储备非常有必要。经济学给予我们的思维方式,能够让我们理性面对经济现象或问题,进行有效的分析和利用。

我们时常提到的"木桶定律"属于经济学。

我们时常听到的"沉没成本""止损"也属于经济学。

3.1.1 亏本销售能赚到钱吗

一直到2008年的十多年里,杀毒软件在国内都是非常赚钱的产品,几大杀毒服务提供商每年都有几十亿元的收入,赚得盆满钵满。

2008年,有个新服务提供商进入杀毒软件行业。

3年后,几大杀毒服务提供商的收入一落千丈,市场被2008年的后来者搅得一塌糊涂。

后来者就是360公司,产品名称是"360杀毒"。

它的杀招也非常简单——免费。

如果有免费的同类产品,而且其质量也不错,那么收费产品渐渐就难有生路。不过,360公司放着钱不挣只为搅局吗?不是的,因为经济学里面有个"免费经济学"的概念。

"免费经济学"(Freeconomics)是指将免费商品的成本进行转移,可以转

移到另一个商品，也可以转移到同一商品的后续服务上；或者将免费商品的成本极大地降低，低到趋近于零。

市场上深谙此道的商家比比皆是。

例如，移动、联通、电信三大运营商都会免费送你一部手机，条件是之后两年你每个月要有最低多少元的消费额。

或者卖纯净水的店家，送你一台饮水机，要求是以后你就要用他们水站的水。

或者各个互联网网站，免费将新闻、行业资讯等信息及时提供给你，只是希望你能经常去这些网站上看看。

360公司当然不傻，借助"免费"战术快速圈到海量用户，顿时风生水起。同时，它借助海量免费用户带来的流量为第三方提供服务获取利润。"360杀毒"只是换了一种变现模式，却一下将毫无思想准备的老牌杀毒服务提供商悉数掀翻在地。

再举个身边的例子。

菜市场上，卖菜的商贩傍晚时会把剩的菜非常便宜地甩卖出去。

已经便宜到亏本的地步，商贩为什么还会卖？

因为他卖了一天的菜，早已经收回了所有菜的成本。傍晚的时候，剩下的菜如果卖不出去，第二天就不新鲜了，不会再有人要，恐怕要白白倒掉。但如果是便宜地甩卖出去，不管收回多少钱，都会是增加的利润。

这，是经济学上实现"利益最大化"的有效手段之一。

3.1.2 "没价值"的产品真的没价值吗

继续看上一小节卖菜的例子。

如果傍晚的时候，菜贩没能够把剩的菜甩卖出去，而第二天也不会再有人要，那么这些菜是不是"没价值"了，要扔掉呢？

不一定。

菜贩或许可以将这些菜送给邻居家的大妈，这位大妈可以帮菜贩临时看管他的女儿，让他的女儿下午放学后在她家写作业。

"没价值"的产品换个场景又有了价值。这对你如何使用推广的赠品有没有启发呢？

一路听天下CEO朱国勇在公司经营中也遇到过一个难题。

一路听天下是有声读物的生产商。他们购买图书音频版权，制作了许多图书的音频节目，业务之一是将这些音频节目销售给全国300多家广播电台。

各家电台把书场栏目前的15~30秒不等的广告时长运营权给了一路听天下。

朱国勇首先想到的是卖广告。但项目运作仅半年之后，朱国勇发现这些广告时段难以卖出去。因为电台广告客户多具有区域性，需要长时段或高频次。一路听天下掌握的广告资源无法满足，成了"鸡肋"。

有一次，公司"听书机"产品的地方代理商提来意见，认为公司对听书机的宣传还不够。

一边是换回的广告时段变现效果差，另一边是代理商希望公司增加产品宣传投入，两件事结合起来，让朱国勇眼前一亮。

很快，全国300多家广播电台的书场栏目广告都给了一路听天下听书机。难以找到买主的广告时段一下焕发了生机，为当地代理商拉动销量，继而使一路听天下听书机夺取了更大的市场份额。

通过这个案例，我们可以发现，改变应用场景，产品的实际使用价值会发生改变，"没价值"的产品（如此例中的"广告时长"）可以换一种形式为公司经营创造新的价值。

明白了这一点，你是不是可以更好地在文案中设定产品的应用场景或者消费场景呢？

3.1.3 这样积累经济学知识

经济学是一个很有意思的学科。

如果想快速地了解一些经济学知识，笔者建议可以看看以下几本比较轻松的书：

《牛奶可乐经济学》，作者是罗伯特·弗兰克、《经济学的思维方式》，作者是托马斯·索维尔、《一本书看懂经济学》，作者是庆裕。

再就是读一些自己感兴趣的经管类书籍。

知识的积累是潜移默化的，非常重要的一点是多读书、多分析，多琢磨里面的玄机。即使在日常的工作、生活中，你只要多观察、多思考，也会有很多发现和心得。

早些年的时候，有个朋友的妹妹在北京市朝阳区的女人街做服装生意，有段时间她的生意不好。一天，她非常兴奋地对朋友说："对面的商场贴出通告了，要拆迁，这下我的生意要好了。"

朋友说："那你赶快到对面商场租个临时摊位，跟着他们把你的服装都甩出去，然后把你的摊位转让掉，不要再干了。"

过了一段时间，对面的商场关门，女人街的生意变得更差了。朋友的妹妹因为听了朋友的话，不仅收回了成本，还及时从困境中脱了身。

朋友对这件事的解释是：那附近就这两家商场，人们去买衣服，逛完这家可以再逛那家，摊位多，总能够遇上自己喜欢的。当其中一家关门，区域内的规模效应和聚集效应变差，人们渐渐就不爱去了。从短期看，对面商场关门是竞争对手少了，但从稍微长远一点来看，就会发现，由此导致的客户更少了。

再抛个话题：一些在线教育平台推出"外教口语一对一，每堂课只需15元"，知道他们是怎么赚钱的吗？

如果不知道，建议你去基础性的经济学书籍中找答案。如果你苦找3个月，仍然找不到答案的话，可以关注微信公众号"岱北新媒"，发送"外教口语"查询。不过，我对这个偷懒的方法，极不推荐。

3.2 储备一些心理学知识

在文案写作中,心理学知识是非常实用的。

让用户看到文章的标题就想点进去看,做到这点是不是要琢磨用户的心理?

用户看到你写的文章后,感觉文章里介绍的产品对自己太有用了,立刻就想下单,做到这点是不是要琢磨用户的心理?

销售人员经常说,成功的销售人员一定要懂得心理学。其实,优秀的文案创作者更是离不开心理学。

3.2.1 为什么送优惠券却不降价

在西方国家的一些超市门口,会摆一本厚厚的产品手册,手册里印有具体产品的优惠券,撕下来马上就可以使用。

这是不是很奇怪?优惠券能够无条件领取,又马上可以使用,还要花钱去印制优惠券,这不是自找麻烦吗?

其实,国内这种情况也非常多。例如,你要在餐馆吃饭或者去电影院看电影,都可以随时从网上找到优惠券,去现场付款使用就立马得到优惠。为什么商家宁可使用优惠券,也不直接降价呢?

在经济学上,这被称作"三级价格歧视",即对于同一商品,商家根据不同的需求价格弹性不同,实施不同的价格。直白一点说,经济学家认为,这样做的目的是,对价格不敏感的客户,可以直接购买商品,而对价格敏感的客户,可以稍微麻烦一点找来优惠券从而获得优惠购买,最终使商家的利润达到了最大化。

但还有一个现象,在天猫、京东等平台的店铺里,长期供用户随时领取使用的优惠券就显示在店铺页面上,用户领取一点都不麻烦,为什么商家仍然不采取直接降价呢？

其中一个原因是店铺里的优惠券多采用满减的形式，而不具体到某一商品，这可以刺激用户多买，以触发优惠券的生效条件；另一个原因就是让用户从心理上感觉自己得到实惠了。如果直接降价，用户会认为那本来就是商品的销售价，对优惠并没有感觉。

我们在写文案的时候，要明白一点，用户在心理上可能不在乎我们传播的产品有多便宜，而是在乎自己购买的时候有没有占到便宜。

3.2.2　别让用户感觉得到的太容易

你有没有在路边看过广告："××楼盘开盘在即，现在存1万元抵5万元"？或者看到网店的某项活动"预存10元抵50元"？

对商家来说，这可不是提前收进来一点钱放入账户"理财"那么简单，而是在绑定客户。

我在带领团队做电商运营时，曾针对指定的商品，尝试过两种情况的优惠活动，优惠条件都是到第二天的活动日使用：

A. 网上商城内限时免费领取50元抵扣券；

B. 网上商城内限时5元预购60元抵扣券。

结果是：

限时免费领取的100张50元抵扣券，使用了26张。

限时5元预购的60元抵扣券，售出53张，使用了51张。

对A情况，用户可能要考虑一下自己是否需要购买指定的产品，如果有意向，便毫不犹豫地领取。

而对B情况，用户虽然可以比A情况多得到5元的优惠，但如果不用这张抵扣券则要面对5元钱的损失。所以，他的心理活动会复杂一些，要一再确认是否需要购买指定的产品。

可到了第二天兑现使用时，选择了A的用户开始犹豫买还是不买，因为即使不买也没什么损失；反倒是选择了 B 的用户会直接购买，因为他们觉得如果不买自己就亏了 5 元钱。

实践证明，策划产品销售活动，如果在活动中增加一些小环节，让用户认为获得的优惠是自己努力争取来的，或者是付出代价换来的，往往能更好地促进购买转化。

3.2.3　用户网上消费的惯常心理

写作文案时，掌握了用户的消费心理，才能投其所好，从用户最关心的切入点下手，让用户能够在文案内看到自己最想看的东西，打消他的顾虑，甚至协助他做选择。这样的文案更容易深入受众心里，也更容易带动产品的销售。

下面列出部分互联网用户网上消费的惯常心理，更多的心理现象可以在实践中不断去发现和积累。

1. 怕买贵了

大家买东西时都喜欢物美价廉的商品，对新商品尤其会担心买贵了。

应该注意的是，用户下单购买的意愿，并不是商品价格越便宜，意愿越强，而是希望商品的价值要达到或者高于自己要付出的钱。

这种情况，最好的解决方法是给出一个用户熟悉其价格的产品做比较，让他能够具象感觉物有所值。

2. 喜欢看到"大"优惠

优惠的价格和优惠的幅度，用户对哪个更敏感？

答案是对优惠力度"大"的那个。

一包 38 元的新疆大枣，半价销售和优惠 19 元，用户通常会觉得半价销售更便宜；但对一部 2 000 元的手机，说打 9 折就不如说减价 200 元更实惠。

3. 购买时希望选择更简单

一台电脑 3 999 元，送无线鼠标、原厂电脑包。

一台电脑 3 749 元，推荐购买无线鼠标 100 元，原厂电脑包 150 元。

你会选哪个?

如果凭直觉,多数用户会选 3 999 元的电脑,因为鼠标和电脑包也是需要配的,选了 3 999 元的电脑、这个选项会更简单。

如果真的分开购买,恐怕多数用户会只选择购买 3 749 元的电脑或者外加上无线鼠标和电脑包其中的一项。

4. 拆开价格可以感觉更便宜

健身 1 天只需要 1 元钱!

1 天只需要 1 元钱,水杨酸棉片就能给你婴儿般肌肤!

一天只需要 1 元钱,是不是觉得很便宜,便宜到可以不假思索就买了?

再如,"每天几元钱豪车开回家"都是通过强调商品的日均价格,让用户感觉消费很便宜,从而更容易下定决心购买。

5. 选择中间价格的那个

你去咖啡厅点一杯咖啡,小杯、中杯、大杯,会选哪一个?

多数人会选择中杯。

因为感觉小杯不够划算,而大杯花钱会稍微多一点,所以选择中杯正合适。至于将容量和价格结合起来对比哪个更划算,恐怕就很少有人会想了。

这种选择是习惯性心理。用户在网上购物的时候也会如此。

当对一个商品的性价比无法掌握,而又没有对比参照的时候,用户习惯不选最贵的,但也不选最便宜的,而是选择中间价格。

6. "以貌取货""以价取货"

对一组不了解的商品,用户习惯以包装来推测质量,主观认为包装形式和设计好的商品,质量会比包装形式和设计差的商品好。

同样,用户还会以价格来推测质量。

即使是同品类、同质量的商品,用户也会认为标价低的那个商品的质量会比标价高的差。

7. 大家都在买的东西更靠谱

用户有从众跟风的习惯。

如果很多人选择买同一个商品,即使它的价格比同类商品的高,用户也会认定它的性价比是最高的。

当你的商品在销售数量上有优势时,写文案时一定要作为重要信息传达给用户。

3.3 积累行业知识

产业是具有某种同类属性的企业经济活动的集合,而行业一般是指按生产同类产品或具有相同工艺过程或提供同类劳动服务划分的经济活动类别。

随着社会的发展,各行各业也在不断发生着变化,文案创作者需要积极关注行业动向,不断梳理过往大事件,补充新知识。

掌握行业知识可以确保写出的文案不"外行"。

3.3.1 行业专业知识

各行业在其发展过程中,逐步积累了大量的专业知识,包括常识性知识和经验性知识。

积累常识性知识的方法之一是通过专业书籍了解基础知识以及产业发展的历史,再就是研读一些机构发布的行业发展报告等。

而积累经验性知识可以通过参加业内聚会和专业性讲座来实现。

例如,若我们的产品属于K12在线教育培训系列,那么我们就需要了解K12教育行业的发展情况是什么样的。

包括:

1)K12教育的发展历程和现在的状况是什么样的?

2）K12教育的行业痛点是什么？

3）K12教育培训的发展趋势是什么？

4）K12教育培训的盈利模式有哪些？

5）我国K12教育主要分为在线教育、课外辅导以及传统K12教育三大部分，每个部分近几年的市场发展状况怎么样？

6）K12教育培训的行业壁垒在哪里？

7）K12教育培训的行业竞争的关键因素是什么？

其中，常识性的知识大都可以在图书馆查阅到。同时，还可以购买一些专业书籍、杂志，检索、收集一些行业发展报告或者研究报告，进行学习。

而对经验性知识，可以参加峰会、论坛去听业界大咖的演讲，或者参加沙龙活动去听圈里从业者的经验分享㊀。当然，如果有条件聆听业内前辈的教诲，那更会令你受益匪浅。

对其他行业也是一样。

我们在了解行业的专业知识的时候，尤其要了解产业结构、产品工艺、生产流程、岗位设置等，注意积累专业术语和习惯表达等常识。

3.3.2 行业发展动态

文案创作者对行业发展动态的关注应该是持续的。

可以固定几个信息来源，例如专业报纸、杂志、网站等，定期地去了解所关注行业的发展情况。

同时可以不定期地参加行业展会、会议等。

关注一个行业的发展动态可以从以下几个方面着手：

1）国内外在该行业的新发明、新技术、新观点、新产品；

㊀ 峰会、大会、沙龙、专场论坛……这些活动形式的名词经常出现，它们并没有标准化的定义，区别在于活动的规模和参加的嘉宾的重量级。通常，峰会和大会更官方，沙龙往往突出小范围与私密化。

2）对该行业的思考、评论，以及调查研究报告等；

3）行业大事件；

4）行业内标杆企业的动态；

5）竞争对手的动态信息；

6）该行业与相关行业之间的合作新闻；

7）国内外资本在该行业及相关联行业的投资动向。

关注行业发展动态，尤其要注意各类数据，注意调查研究报告和新产品，这些可能能够直接用于文案。而对行业的思考、评论等可以帮我们更深度地审视自己的产品。

3.3.3 相关政策法规的变化

国家会通过政策法规对行业发展方向进行引导，对产业结构升级进行推动。

例如，2018年8月22日，国务院办公厅印发《关于规范校外培训机构发展的意见》，近年来异常火热的校外培训机构面临规范发展的压力。

2019年1月1日，《中华人民共和国电子商务法》正式实施，各商家和消费者都或多或少地因新政受到影响，尤其以代购业受到的影响明显。

2020年1月1日，《中华人民共和国外商投资法》将正式实施，允许外国投资者单独或与其他投资者共同在中国境内设立外商投资企业。这一点，将消除外资车企不能直接在中国独资建厂的限制，势将对中国汽车行业产生重大影响。

关注相关政策法规的变化，可以使我们对行业发展做出预判，及时调整企业发展和产品走向，寻找机遇，规避风险。

掌握政策法规变化的主要途径是中央政府的主管部门网站、行业协会网站。如果你经常关注行业新闻，每当有政策法规要发生变化时，你通常还可以注意到讨论情况或细节解读。

此外，在地方政府网站上，一般还能查到各地区对区域重点产业的具体扶持政策。

3.3.4 相关行业的发展动态

你听说过"车轮子拯救广播"的故事吗？

话说 20 世纪六七十年代，美国广播被电视逼到"悬崖边缘"，汽车的发展使广播获得了在移动领域的优势，给广播带来了巨大的发展机遇，才使得广播继续生存下来。

而到今天，许多行业之间也都在寻求跨界合作。

如果精力充足的话，不妨也时而浏览一下与自己行业相关联行业的发展动态，或许给你的文案写作也能带来一些素材和灵感。

3.4 研究竞争对手的产品推广

研究别家的产品推广和带货文案，不仅可以学习借鉴，提升自己的写作能力，还能够积累推广素材。

研究信息的主要来源包括：

1）对方官方网站；

2）对方自媒体账号；

3）电商平台；

4）百度新闻；

5）广告宣传。

其中，对于自媒体账号，由于各个行业不同，大家偏爱的自媒体平台也不尽相同。

不过大家最经常使用的还是微博、微信公众号、今日头条、大鱼号、大风号、百家号、知乎、百度知道等几个平台。

百度新闻应该收录了大多数互联网媒体、垂直行业媒体发布的内容。如果百度新闻收录不够，可以扩展到百度网页搜索，但信息较为芜杂。

在使用百度新闻搜索时，关键词应该设定为其公司简称、品牌名称、产品名称、企业高管姓名。其中，使用公司简称搜索时，简称应如"华为""韩都衣舍"等，只有少量公司发布信息时会使用全称，通过简称也可以搜索到。

3.4.1 研究竞争对手的推广

对文案创作者来说，研究竞争对手的产品推广非常重要。

1）通过竞争对手的官方网站，可以获得其基本信息，包括品牌定位、广告语（slogan）、主打产品、产品风格、代言人情况等。

2）通过看从百度新闻搜索到的信息，可以及时解读出竞争对手的产品策略变化、推广重点，以及业界对其产品的分析及评价。

3）研究自媒体、电商平台，可以关注到对方阶段性重点宣传的产品类别、产品是什么，产品的特点、性能和卖点是什么，分析其营销策略、价格定位、促销手段、销售效果、用户反馈等。

4）对广告宣传的关注落脚在广告的目标、类型、投入规模、文案内容、投放渠道、频次以及阶段性投放计划等。

近年来，很多企业、商家在逐步减少对硬性广告的投入，选择可量化收益的传播，如将推广的重点转向电商平台的排名、促销，以及公关传播和事件营销。

商家一般会在特殊的时间点（如新产品上市的时候）进行密集传播，以支持、促进品牌的传播和产品销售。这时，要对竞争对手的传播形式、传播频率、传播策略进行及时跟踪分析。

我们以 OPPO Reno 的新品发布为例，来看看这款新产品的推广传播手法。

2019 年 3 月 11 日，OPPO 通过官方微博转发 OPPO 副总裁沈义人的微博宣布：

"4月10日 #OPPO全新Reno# 正式发布。转发抽送全球首台Reno。"

之后，OPPO官微与其媒体矩阵下的其他微博通过原创、互动等形式，每天发布与Reno相关的作品和信息。

如："'OPPO Reno系列新品发布会'招募开启"。"OPPO Reno参数曝光，价格感人，大家可以开始存钱了！""OPPO Reno手机的十大亮点：看到第一个就想买"

副总裁沈义人和OPPO官微也有步骤地一点点曝光产品的配置、功能、特色。

其间，网络媒体也不断跟进关注。

4月1日，OPPO官方商城，包括天猫、京东、苏宁等线上渠道开启预约，用户也可以访问OPPO线下门店参与预约活动。

4月7日在微博上推送发布会倒计时。

4月10日下午，OPPO Reno新品发布会如期举行，OPPO官微连发40余条微博进行现场图文、视频直播。

而在接下来的几天继续吊胃口，新品首发安排在4月19日。

微信发布文案："Hi，我是Reno，终于正式和大家见面了！想带我走吗？现在就可以预定，4月19日等你来……"

在传播渠道上，OPPO主要借助了官微及其微博矩阵以及各互联网媒体、自媒体大V，官方微信公众号自3月11日至4月10日仅发布了3篇文章。

下面总结事前曝光和发布会现场公布的信息，OPPO Reno新品的特点与创新主要包括以下几点：

1）OLED全景屏幕；

2）新型发光材料，完全覆盖DCI-P3色域，功耗降低8%；

3）屏幕蓝光过滤量高于56%，久看不伤眼，低亮无频闪，夜间阅读更舒适；

4）10倍混合光学变焦技术；

5）ColorOS 6，首次搭载全新人工智能 Breeno；

6）双频 GPS + 杜比全景声；

7）售价 2 999 元起……

研究竞争对手的推广时，我们需要纵观其整个传播过程，进而分析其传播渠道、传播节点、内容设计、用户反馈，以及数据表现等。

在上面这个例子中，OPPO 采用了微博引爆、微信等多账号互动、网络媒体跟进，最后又回归于微博（新品发布会图文直播报道）的形式。

在这一波操作中，微博被选为挑起话题的"传播源"。利用微博便于互动转发的特性，OPPO 将于 4 月 10 日举办新品发布会的消息得到超过 4.1 万次的转发和 1.5 万个点赞。各网络媒体的"起底""曝光"报道接踵而来，并且每天保持一定热度，直到 4 月 10 日和 4 月 11 日两天形成又一次传播高潮。

在事件前后，各媒体平台刊发了上千篇文案，尤其集中在微博和网络垂直媒体，它们配合线下宣传，不断制造新话题，形成了良好的传播效果。

但包括 OPPO 官方在内的微信公众号上，消息却只有几篇，OPPO 做出如此选择，究其原因，是它们锁定的目标用户为以"90 后"群体为主，而这个群体更集中地汇聚在微博平台上。这般聚焦火力进行重点平台传播的做法，很值得我们研究与学习。

3.4.2　留意跨界学习产品的推广

除了注意研究竞争对手的产品推广，关注其运用的手段方法、采用的数据来源，说服客户的重点表述等，还可以多关注非本行业的、其他善于推广的企业的产品。

尤其是目标客户群体类似或相同的其他产品。

通过研究目标客户群体相同的其他产品，你同样能够发现这个群体的行为习惯、消费习惯等特点，并可以借鉴相应产品的某种推广形式，或者与其合作，尝试跨界营销。

例如，对刚刚提到的 OPPO Reno 的推广案例，如果我们不是手机厂商，则不一定要具体关注其产品的细节，但如果我们跟这个手机厂商的目标客户群体相同，则可以更多地学习其推广的形式：

1) **传播渠道**。选择微博发起，互联网媒体跟进。

2) **提前造势**。OPPO将本应是4月10日半天的关注热度拉长到了整整一个月。每天的分步骤"曝光"，加上互联网媒体和自媒体大V的推波助澜，起着汇聚眼球的作用，将越来越多的目光吸引到4月10日下午。

3) **产品预售**。截止到新品上市，提前20天进行预售。20天的等待时间较长，容易让消费者滋生烦躁心理，但于中间插入发布会这一事件，可以令消费者再次兴奋。

4) **产品表述**。在发布过程中，要考虑采用什么样的形式介绍产品，每部分介绍针对用户什么样的需求，这样表述的优点是什么等。

5) **受众反馈**。可以翻看自3月11日起，整个传播时段内受众的反响、遇到的问题、对方如何化解和引导，哪些经验教训值得学习和借鉴等。

俗话说"开卷有益"，多向其他产品的文案创作者同行跨界学习，研究他们经过市场验证的好经验，消化后为己所用，不仅有利于帮助我们发现跨界传播的契机，而且能够促进我们文案策划与写作能力的快速提升。

3.5 随时关注热点事件

蹭热点，也就是借助社会热点做产品推广传播，这是非常讨巧的一种方式。

前面已经讲过，热点包括：

1) 具有社会影响或者名人效应的事件；

2) 传播度较高的话题或热词；

3) 节日和特殊的时间节点。

其中，热点事件是很重要的组成部分。

热点事件往往具有突发性、话题性，受关注程度较高，但持续时间比节日等节点性热点要长，如果能够很好借势，产品推广传播效果会更好。

3.5.1 怎样寻找和判断热点事件

随着移动互联网的发展，每个人都已经成为信息传播源，信息传播的速度加快，热点事件的形成也越来越容易。

在这种情况下，我们没有办法也没有必要去捕捉每个热点事件。

热点事件的热度不同，社会影响不同，持续时间也会不同。我们可以筛选热度高、影响范围大，而且与我们自己的产品容易形成连接的热点，精心策划，参与其中。

一些有重大社会意义的非时政性热点，最好能够参与，以彰显企业责任。

具体怎么寻找和判断热点事件呢？

1. 百度搜索风云榜

百度搜索风云榜是以数亿网民的单日搜索行为作为数据基础，以关键词为统计对象建立的关键词排行榜。这个排行榜能够发现和挖掘互联网最有价值的信息，直接、客观地反映网民的兴趣和需求，盘点国内最新、最热的人、事、物。

寻找热点事件，可以重点关注其中的实时热点排行榜、今日热点事件排行榜、民生热点排行榜、娱乐热点排行榜和体育热点排行榜等。

实时热点排行榜，按照关键词检索量的变化率自动生成，具体排名规则为：关键词在24小时内的检索量，相对于前24小时检索量的变化率，每1~2小时更新1次。其他榜单，根据24小时前的搜索量统计并计算生成，每一天至少更新一次，上榜词变化大时可能一天不定时多次更新。

此外，"今日上榜"模块是从百度风云榜各榜单中挑选的热门词条。"风云时讯"模块是将实时热点排行榜做关键词及新闻去重处理后，以符合用户阅读习惯的瀑布流形式所做的展现，更新时间为每小时一次。

2. 微博热搜榜和热门话题

相对于微信的强社交功能，微博在传播速度、即时互动上更占优势，媒体属性更明显。

所以，虽然有营销公司利用微博通过引发话题热度进行文娱项目或者艺人的推广，有时会干扰到微博热点的排行，但是微博仍能显示出大家对重大热点事件的关注。

近年来，许多社会热点事件都与微博上网民的高度关注相关。

要寻找热点话题，在微博上，可以重点关注两个栏目，一个是"微博热搜榜"，一个是"热门话题排行榜"。

微博的这两个排行榜是系统根据"意见领袖"和网友的搜索、转发等数据设置的，后面标注的"热""沸""新""荐"标签有助于用户甄别热点分类。

3. 抖音热搜榜

抖音热搜榜是"潜伏"在抖音中的一项功能，可以被用来关注热搜中的关键词，从而发现其中有利于促进自己文案传播的热点事件。

抖音热搜榜给用户的体验和微博的比较类似。不过因为视频这一传播形式本身的限制，话题范围集中在娱乐、搞笑和随手拍等方向。

对文案创作者来说，短期内它的参考价值还比较有限。

4. 可预见性热点事件

就像我们可以提前知道节日的日期一样，有些热点事件可以提前预知其发生的时间。

可预见性热点事件指提前可预知，在将来某个特定时间一定会发生并成为公众焦点的事件。对这类事件的预见依据，通常来自根据事件发展的规律所做出的经验性推断，或者按照有关机构提前做出的安排。

根据发展规律可以凭经验推断的热点事件，如日食、流星雨、春运、小长假旅游潮等。

提前安排的热点事件，如嫦娥五号发射、政策发布、法规实施、2022年北京冬季奥运会、2024年欧洲杯等。

掌握可预见性热点事件可以提前介入，洽谈合作伙伴，设计传播的引爆点，组建互动联盟，做好借势传播的规划。

3.5.2　怎样向热点事件借势

热点事件往往来得快去得也快，借势蹭热点要格外注重时效。因为网友转发的通常是最先看到的那条信息，所以稍慢半小时，传播效果可能就会差很多。

借势文案的传播渠道通常以自媒体为主，以互联网媒体为辅，流量可以留在自媒体或导向电商平台。

不过，热点事件都是因为广泛引发了人们的关注和讨论，才会形成热点。因此，要想让自己的借势蹭热点不被受众忽视，最好的传播方式是结合具体事件，以互动的形式，或调查，或征集，或赠送，或奖励，让自己的产品与热点发生关联。

1. 蹭热点的"小蹭"与"大蹭"

借势蹭热点也可以分为"小蹭"和"大蹭"。

小蹭往往是和热点事件强硬地拉关系。例如用标题蹭热点，更多是为了做搜索引擎优化，或者仅限于吸引受众能够点击进入。

如："入伏啦！汽车空调使用不当后果会很严重。"（蹭"入伏"这个节点性事件）；或者只是索性将热点事件的来龙去脉进行整理、汇总，后面直接加上自己的产品信息。

大蹭则是选择与品牌、产品有契合度的热点事件，通过分析、发掘或者深度解读，找到与自己的产品或品牌相关联的结合点，自然地引向自己的产品。

例如下面的一组蹭"黑洞"热点的广告创意。

据新华社报道，北京时间2019年4月10日晚9时许，包括中国在内，全球多地天文学家同步公布了黑洞"真容"。该黑洞位于室女座一个巨椭圆星系

M87 的中心，距离地球 5500 万光年，质量约为太阳的 65 亿倍。它的核心区域存在一个阴影，周围环绕一个新月状光环。爱因斯坦广义相对论被证明在极端条件下仍然成立。

对于这首张黑洞照片，各品牌开始了一大波的狂欢，如图 3-1~图 3-4 所示（图片来源于相关品牌官方微博）。

图 3-1　美团外卖"黑洞"文案

图 3-2　苏宁易购"黑洞"文案

图 3-3　淘宝"黑洞"文案

图 3-4　招商银行"黑洞"文案

这些创意，无不将黑洞的形象特点或者名称与自己的产品做了"连接"。如美团外卖是借助黑洞的亮色勾画出自己的Logo，"快人一步抢见世界"一语双关，既指黑洞的"抢见"，又指外卖服务的"快"和"抢见"；苏宁易购和淘宝在黑洞形象上做文章，强化了趣味性；招商银行则借用黑洞去营销自己的"黑卡"。

再例如，蹭赛事时，最简单的互动方式是有奖竞猜：

2018年俄罗斯世界杯前夕，移动社交平台陌陌宣布，联合足球评论员黄健翔、主持人李响等人推出世界杯活动"MOMO好彩头"和"金球大赢家"。

无论大蹭还是小蹭，蹭热点时一定要调动自有的媒体矩阵和合作自媒体的资源，将传播影响力增大，以带动网友参与。换句话说，对传播的传播也一定要重视。

2. 蹭热点有所为、有所不为

蹭热点要有底线，并不是什么热点都可以借势。

尤其需要注意的是，要避免借助时政类热点事件进行产品的推广传播。

对灾难性热点事件，也要慎之又慎。例如某地发生地震，你的产品是食品，在向灾区捐献之后，可以对外传播公司的善举，但最好不要做产品的介绍，避免被指是借灾难营销。

据《大连日报》报道，2019年4月2日晚，微博及朋友圈大量转发了一则某银行信用卡中心免除烈士欠款并向烈士捐款的文案。文案中写道："在四川凉山森林火灾中牺牲的烈士×××（笔者在此隐去烈士名字）为某银行信用卡持卡人，信用卡中心决定免除逆火英雄的所有未清款项。"

此举受到网友质疑：在民众都向烈士默哀之际，该银行蹭了一波热点。事前，消防员作为高危职业，想办一张信用卡都非常困难，事后反而用免除一个人的债务和"捐款"来宣传自己。这家银行或许本以为这个热点蹭得很巧妙，却不料突破了社会的底线，伤到了公众情感与社会道德。

此外，有争议的热点在没有定论之前也一定不要蹭，如果观点不对，容易弄巧成拙。

一些社会恶性事件或者群体性事件类的热点，更要注意不要触及，一旦处理不好，会对品牌造成巨大伤害。

3.6 听听用户的故事

文案不能打动消费者，其实归根结底的原因只有一个，就是没能把话说到对方心里去。

我们之前提过要了解经济学知识、掌握用户心理，因为许多文案创作者最初写文案的时候还是感觉劲儿没用到地方。了解一些经济学、心理学知识有助于写作，但去直接和用户打交道仍然必不可少。

看用户对产品的在线评论和反馈是一种方式。

直接和用户对话对文案写作会有很大的帮助。这种对话类似于记者采访，你可以在销售环境下，以局外人的身份与用户进行沟通，从而获得一手的用户反馈和真实的案例，而拥有真实案例的文案通常会更具带入感和感染力。

3.6.1 这样和用户对话

直接的语言沟通可以让你听到用户的故事，更可以减少歧义和误解。

在线留言的时候，用户可能对产品的评价是"好"。但语言沟通的时候，对方一定会给出一个理由，甚至会讲一个故事。

将一个真实的故事用到文案中，感染力一定胜过绞尽脑汁编出来的"段子"。

假如用户说产品不好，一定也会给出理由。

这时候你可以找找原因，是使用中出了差错，还是产品真的有问题。

如果是使用中出了差错，并且有代表性，在以后的文案中可以做特别的说明和提示。如果是产品有问题，那就找出源头去解决。

1. 沟通时不要表明自己的身份

一上来就向用户表明身份，有时会影响他对产品的评价。

你最好让对方感觉你也是一名用户或者准用户。

做一个虚心的听众，这样对方更容易现身说法，给你中肯的使用建议。哪怕用户误认为你是自己竞争对手的人都没关系，因为按照人们的习惯，在那种情况下用户一般会通过比较两家的产品给出评价。

2. 多问几个为什么

和用户沟通时，不要问非对即错的选择题，多使用"你觉得""你看""为什么"这样的开放性句式。

而对于用户在产品上的观点，一定要在不引起对方反感的情况下多问几个为什么。

例如，为什么喜欢，或者为什么不喜欢？某个产品体验好在哪里，或者不好在哪里？为什么觉得价格贵了，或者为什么觉得很实惠……

这样可以让话题深入下去，尤其当你发现对方给出的一些理由可能存在问题的时候，多问几个为什么，才能够掌握用户内心真实的想法。

用户有时对问题的回答可能比较发散，一个比较好的办法就是引导用户讲故事，根据具体的场景来分析他要表达的意思。

3.6.2 从客服渠道了解

不要认为公司客服部门接到的全是投诉或者反映问题的电话。

用户在使用产品的过程中遇到困惑也会咨询客服。

每位客服专员都会有不少客户的故事。

我的同事小喻遇到过一位男客户，他买了一台榨汁机，但机器总是不工作。咨询电话转到了小喻这里。她耐心指导着男客户检查机器是不是已经安装好，电源有没有插好。

客户有点不开心："我是理工男，好不好？我安装还会出问题？"

既然不是安装问题，那就是质量问题了。小喻给客户进行了换货处理。

收到被退回的榨汁机，小喻发现它果然不能启动。但检查一下，小喻发现上盖好像没有扣紧。于是，她重新盖了一下上盖，再试，竟然正常工作了！

"盖子没盖好，当然不能够工作了。看，理工男有时候也不可信呢。"小喻把这件事情当笑话讲给了同事。

而文案创作者听了，在写榨汁机的文案时，就可以专门叮嘱一句，使用时要压紧上盖，或者索性当作一个小段子，在合适的时候用来活跃气氛。

3.7 随意聊天时做个有心人

有句话说："艺术来源于生活，却高于生活。"

其实，文案也离不开生活。

只有多读一些书，生活经历丰富一些，才能才思敏捷、文思如涌，写出有意思的文案。多读书容易做到，但生活经历丰富，不是太容易由自己控制。

不过也有弥补的办法，就是多和人聊天，然后做有心人，把别人经历和总结出来的经验、教训，经历过的烦恼、趣事拿过来，多多揣摩、运用，文案就一样可以写得精彩了。

1. 多和产品经理沟通

产品经理是产品研发的主要参与者和牵头人，会对目标市场进行调研分析，会参与产品的定义、设计、研发和协调等工作，在产品面世后也会定期做市场分析和运营数据分析,应该是公司里对产品最了解的岗位。

除了工作上的沟通,日常聊天时也要格外留心产品经理对产品的一些描述,哪怕是调侃。

2. 和做销售的同事聊天

销售人员是离客户最近的,他们的工作就是把产品推销给客户。

他们了解客户的需求,也了解产品最打动人的地方和产品的短板。多听听他们与客户打交道时遇到的故事。

当你对文案受众有把握不准的地方时,不妨请教一下做销售的同事,他们的建议可能比产品经理的更直接。

和同事交往的时候要注意多倾听,真诚回应,不强行分享,不随便问别人的隐私。

3. 和爱讲段子的朋友聊天

这里说的爱讲段子的朋友,是指平素里喜欢开玩笑、用许多网络语言、爱用小故事揶揄人、显得"不一本正经"的那种人。

我们身边往往会有那么一两位"逗友",要么才思敏捷,要么平常涉猎广泛。

而这两点都是优秀的文案创作者需要具备的。爱讲段子的朋友并不一定适合做文案工作,不过我们可以通过和他们的日常聊天,来积累段子素材,了解网络热点动向。

皮皮虾,我们走。

……

这类网络热词的传播一定有爱讲段子的朋友的贡献。多和他们聊聊天,开开玩笑,说不定你就更加才思敏捷了。

小 结

　　心理学中有个"视网膜效应",又称为孕妇效应,意思就是当我们自己拥有一件东西或一项特征时,我们就会比平常人更容易注意到别人是否跟我们一样具备这种特征。

　　当你有心去为文案写作积累素材的时候,坚持一段时间后,你就会发现,身边有许多有价值的素材可以储备。

　　不过素材收集、积累固然重要,更重要的是运用。在将素材分类整理收集的同时,也要思考它们可以被运用到什么场景,能够表达什么意思,及时记录下这些对自己的启发。

　　对素材运用,初级的层次是能够在合适的文案中选择引用。

　　中级的层级是对每段素材进一步提炼,在写文案的时候恰到好处地融进去。

　　而高级的层次则是自己能够根据需要将素材进一步消化成自己的东西,可以信手拈来,在文案中起到点睛的作用,或者借鉴提升,形成有自己特色的作品。

课后演练

做好知识积累摘抄笔记。

摘抄笔记		
关键词句	释义	心得感悟

第 4 课
优秀的文案应该是个"活生生的人"

章节重点

- 传播文案的性格特点。
- 怎样针对产品给自己的文案做人设和性格定位。

思考提示

- 列举一下你喜欢哪几个自媒体号,分别喜欢它们的什么?
- 翻出你以前写的一篇文案,分析它是什么样的性格?是不是适合你的产品用户?

第 4 课
优秀的文案应该是个"活生生的人"

4.1 带货文案要有"性格"吗

人有千面,性格使然。

产品和品牌也一样,不同的产品和品牌传递给用户的感受也会不同。越是名牌产品越是有锁定的用户群体。例如,你看到一个性格特别内敛的朋友有一天突然开了一辆哈雷摩托车,你会觉得特别奇怪。

因为,优秀的产品品牌也是有性格的,而且它所吸引的拥护者往往需要与这个性格相契合。

而带货文案的性格,往往是产品品牌性格的反映。

4.1.1 不一样的文案,圈不一样的"粉"

每一个有特色的自媒体都会聚集一大波粉丝。这些粉丝多数是出于对其产品或品牌——直白点说,是出于对其文案所传递的观点或者生活方式的认同。

在手机上浏览今日头条,你可能会发现,在使用一段时间后,这个 App 给你推荐的话题越来越贴近你的喜好,推荐的内容越来越符合你的口味,有些自媒体号的内容会越来越频繁地出现在你的眼前。

其实,这是机器在通过大数据和算法帮你做选择。它看不到你的内心,但它可以根据你的阅读偏好分析出你喜欢的文章类型和关键词,然后不断根据你的行为进行调整,所以它帮你做的选择也就越来越精准。例如,我经常使用今日头条看时事类内容,它会更多地将参考消息、环球时报、澎湃新闻、长安街知事等账号的内容推送给我。

已经有越来越多的自媒体平台在使用类似的内容推送方法。

在这种技术环境下，我们在写作文案时，惯常使用的关键词、语言风格，都会被标签化到我们的文案上，继而被自媒体平台推送到它判断的喜好人群的眼前，再由我们文案自身的话题和功力完成"吸粉"。

不一样的文案，必然会圈到不一样的"粉"。

军事迷会关注军事类的自媒体，吃货会关注美食类的自媒体，驴友会关注旅游类的自媒体，对自然充满好奇、爱玩爱动的人会关注户外探险的自媒体……但即使在同一类自媒体里，因为文案的写作风格不同，也会进一步细分出不同的粉丝群。

例如，同样是生活类自媒体，有的账号文案风格沉稳、严谨，它对中老年群体的吸引力就会更大一些；有的账号文案风格活泼、跳脱，它吸引的年轻人自然会更多一些。

微博和微信公众号中都有个自媒体号，叫"李子柒"。

"90后"的李子柒出生于四川绵阳，2016年年初她开始拍摄手工制作的视频，作品题材来源于真实、古朴的传统生活，以中华民族引以为傲的美食文化为主线，围绕衣食住行展开。这名"90后"的女子自己出镜，做美食、酿酒、手工造纸、做胭脂、做秋千、修桥、做竹沙发、做蚕丝被、染布、编斗篷……总之，农村人应具备的生活技能，她都有。在两个平台上圈粉数千万名。

她的文案多数是视频配图文。李子柒的视频犹如一幅清幽空灵的水墨山水画，碧树田园，远山如烟，着古衣的女子，持旧器，从古法，表情恬静自然，动作舒缓雅致。而文案则或是简单记录工艺流程或是叙说其间故事，文字很是干净随性，读起来给人的感觉是真诚、体贴的。

而从对文案的转发和评论可以看出，李子柒的粉丝对她的产品和生活方式都格外推崇。这些人中有思乡的情愫或者对田园生活的向往，更多的是对惬意、品质生活的追求。

4.1.2 文案其实在给产品贴标签

带货文案的目的是通过吸引受众的目光,而后引导向产品的销售转化。所以,从一定意义上说,文案是在给产品贴标签,即告诉大家这个产品更适合什么样的人群。

包括没有自营产品的自媒体,它们的文案性格也将决定会有什么样的广告主选择它们。因为这个选择,代表着广告主对相应自媒体受众群体的认同,认同这个自媒体的性格与自己品牌性格的匹配。

下面来看一段文案(摘自"李子柒"燕窝文案)。

"燕窝的好处,吃过了就知道。灵动如它

拥有丰富活性蛋白等营养元素,每天早晚喝上一点,加班日添上一碗

不经意间,帮你把身体内外都照顾到。好心情,就来了!

胡庆余堂是中华老字号,拥有百年历史。

数百年中膳食大师们专注着手中的炖煮手艺,代代相传

每一盏燕窝都用心炖煮,不容有丝毫懈怠。

这成就了胡庆余堂的经典传承,更炖成了你手中这一盏燕窝。

不掺假、不刷胶、不漂白

我们只做纯净的上乘燕窝,拒绝不必要的添加!

以121℃高温蒸煮的方式,高温杀菌真空封存营养。

每一口,都是纯纯粹粹的燕窝味道。"

这段文案语言非常朴素,没有华丽的辞藻。"每天早晚喝上一点,加班日添上一碗,不经意间,帮你把身体内外都照顾到。好心情,就来了!""每一盏燕窝都用心炖煮,不容有丝毫懈怠。"语言平和舒缓,字里行间波澜不惊,有着很强的带入感,让人感受到产品的"天然"营养、加工工艺细致专业,是一款适合放松下来慢慢享受的滋补品。

我还看过一篇销售冰糖橙的文案，采用的是原产地探访的方式。开篇先写在原产地获得的荣誉，连"中国民间文化艺术之乡"都罗列了出来。然后从"那里的土壤全部为红沙土""各乡镇村投入大量的时间和精力悉心栽培"角度讲那里的冰糖橙为何受欢迎，然后再写市场流向都销往了哪里。临近结尾用几张照片展示小编亲身体验现摘、现榨果汁。最后发布购买信息。

文案写得格外严肃、认真。读下来，感觉冰糖橙似乎都是干瘪的。其实，既然小编已经去了原产地，如果文案能写出现场感，无论展示的"性格"是热情、阳光还是顽皮，都能使产品给人以较好的感受。

对比一下《褚橙进京》中的"原产地探访"的文案："10月22日下午4点，太阳从哀牢山的方向，打到了褚时健的冰糖橙种植园，刺眼的太阳光让人无法看到哀牢山的全貌，天气有些热，这是个典型的云南干热河谷。

聊了半个多小时，85岁的褚时健带着大家参观果园。褚时健弯下一点腰说，从树下面看，地下是光的，空空的，风能刮进来。通风的目的在于降低潮湿度，土壤吃水量一般达到60%左右，但它达到80%了，就影响果子了。褚时健边走边总结，'书本上讲的东西不一定对，全部照它的方法也不对。'"

是不是给人淳朴、真诚的感觉？寥寥数语写明了冰糖橙的生长环境，通过褚时健的几句话，反映出种植的科学性、专业性，让人禁不住想"这个橙子品质一定很不错"，对产品的信任感油然而生。

4.1.3　带货文案常见的18种性格特征

文案就像人一样，可以有各种各样的性格。大多数文案会倾向于展示正面、积极的一面。不过也有个别自媒体，会展示尖刻、自负等较为个性的一面，并获得不少的拥护者。

因为即使从心理学层面，对人的性格分类方法也不止一种，所以在这里，我们只从推广产品的需要出发，着重介绍带货文案常见的性格特征。

带货文案的性格可划分为四大类：基础型性格、稳健型性格、青春型性格和负面型性格。表4-1列出了各类别中具体性格的特征。

第4课 优秀的文案应该是个"活生生的人"

表4-1 带货文案常见的性格特征

类别	性格	性格特征	适用范围
基础型	真诚	以用户为中心,行文认真、严谨,力求表达出对用户的真心实意,坦诚相待。以从心底感动用户而最终获得用户的信任	稳健型、青春型文案基本都应同时具备
基础型	热情	对受众积极、主动、友好,乐于助人	稳健型、青春型文案基本都应同时具备
基础型	体贴	在热情基础上的升级,会更关注受众的体验,从受众角度着想、关怀、体谅,使受众感到舒适、满意	稳健型、青春型文案基本都应同时具备
稳健型	严肃	不苟言笑,行文风格有条理、严谨	多用于传递官方信息,如新品发布、战略发布,或者警示、提醒和其他具有新闻性的信息
稳健型	沉稳	给人的感受是阅历比较丰富,知识比较渊博,言谈成熟稳重,能够让人产生信任	多体现于教育、健康等传播文案
稳健型	睿智	表现为能够把握住产品的每个细节,洞察先机且乐于"布施"	科技、汽车、理财类文案较为喜欢。有些心理、情感类的文案也会走这一路线
稳健型	淳朴	用农民、渔民或者养殖户的口吻,不会有华丽的辞藻、专业的术语,而是更多朴实的故事与介绍	主要体现于农副产品、水产品类的传播文案
稳健型	善良	表现为对生命的和善与呵护	较多体现在育儿类、宠物类文案
稳健型	风趣	风趣源自对语言较高水平的把控,可以通过出人意料、幽默生动的语言或表述,使文案妙趣横生。它往往可以令专业性的知识变得通俗易懂,或寓教于乐、寓庄于谐,令讲述变得轻松,给受众以亲近感	多见于知识传播类文案

(续)

类别	性格	性格特征	适用范围
青春型	阳光	这类文风积极向上、乐观开朗、健康、活泼有朝气	常用于一些教育、情感类文案和活动召集
	率直	是一种较为情绪化的表达。爱憎分明，总能给人仗义执言、正义感爆棚的感觉	多见于情感类文案
	机敏	机敏表现得更加机智、灵活，可以快速捕捉到市场变化，但相较于睿智型，文案写作手法会更加自如，并以一种平等的态度来传播信息	科技、汽车、心理、情感类的文案
	顽皮	这是走超级亲民路线的文案可能会表现出来的性格。这种文案与受众打成一片，随性、逗乐，甚至会搞小恶作剧，惹人喜爱	以年轻人为受众的各类文案均可使用
	自由	这一特征主要体现在对待生活的态度上。文案传递的感觉是放下了芜杂的琐事，而崇尚一种享受舒适、安逸、自我生活的状态	旅游、情感、生活等类别的文案使用较多
	爱冒险	通常体现出有挑战精神、勇敢，对自然或新鲜事物的好奇心强、敢于尝试，如果产生兴趣，排除万难也要一探究竟	旅游、运动、游戏类文案会反映出这一性格
负面型	八卦	对各类明星趣闻或者家长里短有着强烈的兴趣。每有涉及他人隐私或者可以成为谈资的话题，总能比别人知道得更早，并乐于传播	对涉及明星、行业内幕的文案较为常见
	尖刻	这类文案似乎总能站在某个"制高点"上，挑剔别人这样或那样的问题，然后说话格外难听，不留情面；见谁怼谁，不在乎自己对错，只在乎口舌之快	偶见于借用情感进行营销的文案
	自负	爱炫耀，常有"我是天下第一"的姿态	偶见于高价位产品的传播文案

4.2 怎样给自己的文案做人设定位

按美国著名营销专家、定位理论的创立者艾·里斯（Ai Ries）和杰克·特劳特（Jack Trout）的说法："你要在预期客户的头脑里给产品定位，确保产品在预期客户头脑里占据一个真正有价值的地位。"

留意一下那些优秀的传播文案，你会发现，它们往往有着明显的性格特征和人设。大家所做的就是力图通过文案，在预期客户的头脑里给产品定位。

这个定位一旦确立，之后关于同一产品或品牌的所有文案，应该反映统一的性格。即，**同一产品或品牌的推广传播，即使背后是由一支团队而不是一个人所做，所形成的文案性格也应该是一贯性的**。否则，这一产品或品牌很容易被受众感受为"性格分裂"。

例如，文案圈的"大佬"杜蕾斯，长期以来打造出有点坏、懂生活、有情趣兼具段子高手的"大叔"人设，以幽默诙谐的性格传播品牌、普及性知识。而2019年4月它在与喜茶的合作传播文案中，因为其过分的性暗示打破了人设，而给人以"低级猥琐"的感觉，遭到网友纷纷指责。

那么，具体怎样来为自己的产品文案确定最合适的人设定位呢？

4.2.1 对产品归类分析

首先要对产品所在的类别进行分析，目的是去除不适合这类产品的文案性格。

例如，你做了一个年轻人的社群，周末的时候想召集小伙伴们外出野餐，那么你的这条文案应该是什么性格？

在这个例子中，"外出野餐"就是你的产品。你要推广给你社群里的小伙伴。如果摆出一副严肃的模样或者睿智的样子合适吗？

恐怕都不合适,没有年轻人想和一位"老大爷"去野餐的。大家需要的是一个热情、阳光、有活力的同龄人,至于你在活动细节上考虑得是不是周到,可能都不是大问题。所以应该到"青春型性格"里去选择。

假如你的产品是财务服务呢?你要面对的是企业用户,你的文案可以走顽皮、卖萌的路数吗?

显然又是不可以。财务服务是一件非常严谨的工作,它需要的性格是真诚、沉稳和睿智,设定为一位中年的专业人士的形象,用户才能够信任。因此,你可以到"稳健型性格"中去筛选。

一下子就能圈定文案的性格不太容易,相对简单的办法是,先圈定适合选择的性格类别,再将该类别中具体的性格特征列出来,针对产品逐一分析,排出可用性格的权重列表。

前段时间,一位生产和销售黑大蒜的朋友恰好找我探讨他的产品的自媒体传播,我们就以黑大蒜为例来看看。

先来了解一下这个产品。

黑大蒜又叫发酵黑蒜,是用新鲜的生蒜,带皮放在高温、高湿的发酵箱里发酵 60～90 天,自然发酵制成的食品。它保留了生大蒜原有成分,对增强人体免疫力、恢复人体疲劳、保持人体健康起到积极作用,而且味道酸甜,食后无蒜味、不上火,是速效型保健食品。

它的归类是"保健食品"。

针对食品定位,"负面型性格"中的八卦、尖刻、自负自然是不合适的。剩下的就是"稳健型性格"和"青春型性格"了。

而作为"保持人体健康"性质的保健食品,自由、爱冒险的性格定位也不太合适。真诚、热情、体贴等"基础型性格"应该是普遍具备的。

这样,也就剩下了严肃、沉稳、睿智、淳朴、善良、风趣、阳光、率直、机敏、顽皮,需要结合受众人群进一步分析。

4.2.2 分析受众人群的特点、喜好

下面仍以黑大蒜为例。

朋友列出的黑大蒜的适用人群比较广泛。包括贫血、缺铁、缺钙者；心血管及脑血管疾病者；脂肪肝、肝硬化、肝炎、肝癌者；癌症患者；老年痴呆症、帕金森综合征等患者；脑中风、耳中风等患者；前列腺疾病患者；肾虚、体质虚弱、易疲累、精神不济者；便秘、腹泻者；易感冒者；为经期症状所苦者；免疫力低下人群；长久坐办公室，不运动人群；亚健康人群。

这些其实可以主要归纳为两大类人，即需要养生的中老年人和处于亚健康状态的年轻人。

中老年人的特点是身体机能衰退，做事情犹豫，偏向被动顺从，多有孤独心理，对健康问题有恐惧感。对外物，喜欢质朴，讲求实用。

年轻人的特点是易于接受和尝试新事物，有创新和进取精神，自我意识较强，注重生活品质的同时注重对精神层面的追求。这个群体还偏爱时尚，崇尚自由。

这两个人群差异化明显，比较难以兼顾。

所以我的建议是做成两个品牌，对中老年人的产品可以选用蒜头的形态，使用传统仿古式包装；对年轻人的产品则可以考虑开发黑蒜酵素类产品，包装可以侧重现代、时尚风格。

而在产品推广的时候，也分别有针对性地使用两种性格设定。

对中老年群体，可以从"稳健型性格"，即严肃、沉稳、睿智、淳朴、善良、风趣等几个性格特征中选择。

对年轻群体，可以从机敏、阳光、率直、顽皮等性格特征中选择。

在实际运营中，对每个产品所面对的文案传播受众可以深入分析，如具体的年龄构成、区域特征、家庭状况、生活偏好、消费习惯等，从而得出更加靠近其心理需求的结论。

分析过程中，注意不要从自己的角度来臆断受众特点和喜好。我们和每个年龄段的受众或多或少都有着一些代沟，就像20世纪80年代初出生的人也不真正了解20世纪70年代末出生的人心里在想什么，而20世纪80年代末出生的人仍看不懂20世纪90年代出生的人的一些处事方式。对于这些代沟，需要通过真实的接触、了解来填补。

4.2.3 确定撰写的文案口吻

要将某个文案的性格进一步确定下来,还有一个非常重要的因素需要考虑:

"我希望我是谁?"

换句话说,你打算给文案中的自己一个固化的身份,是店铺小二、知心姐姐、淳朴农民,还是阳光小伙?以后撰写文案、与受众互动时,你就是那个样子的,那种口吻,那种态度,那种性格。

例如只要提起来"三只松鼠",就可以想象出那三个爱卖萌的卡通形象,它们与受众的沟通总会以"主人"相称,机敏、体贴、风趣。

在"吴晓波频道"中,吴晓波则是一个睿智、稳重的专家形象。

那么,无论你拥有的是实体产品、硬件产品、软件产品、内容产品、服务产品还是IP产品,你在带货文案中要给自己设定一个什么身份呢?以什么口吻开始讲述故事?

下面来看某公众号上,关于黑大蒜的一段文案。

黑大蒜的主要功效来源于其中富含的三种成分——艾乔恩、多酚类物质和游离氨基酸。其中艾乔恩是黑大蒜的独有成分,具有极强的抗血栓、分解脂肪、抑制胆固醇生成、提高大脑活性化以及预防多种慢性病等作用。游离氨基酸更易于为人体吸收,S-烯丙基半胱氨酸成分还具有预防心肌梗死、脑梗死和抗动脉粥样硬化等功效。

因为长时间的发酵和熟成使大蒜中所含的蛋白质被分解为氨基酸,碳水化合物被分解为果糖,并完整保留大蒜所含的蒜氨酸,所以黑大蒜的药用效果得到增强。通过食品分析检查结果证明,黑大蒜比普通的大蒜蛋白质、糖分、维生素等含量增加了2.5倍,而其综合活性是普通大蒜的10倍以上,抗氧化能力是普通大蒜的15倍以上,起重点保健功能的18种氨基酸更只有在黑大蒜上得到体现。

明显感觉这是一位表情严肃、双鬓斑白的营养学专家站在投影仪前，对着行业内人士介绍产品。假如让一位销售人员对老年用户来介绍，话风可能是下面这样的。

黑大蒜里面最富含的是三种成分——艾乔恩、多酚类物质和游离氨基酸。这三种成分您可能没听说过，不过可以让孩子帮您上网查一查。

老年人不是得血栓、心梗、脑梗、动脉硬化之类的病多些吗？黑大蒜独有的这个艾乔恩，就具有很强的抗血栓、分解脂肪、抑制胆固醇生成、提高大脑活性化，以及预防多种慢性病等作用。游离氨基酸很容易被人体吸收，其中的S-烯丙基半胱氨酸有着预防心肌梗死、脑梗死和抗动脉粥样硬化的功效。

黑大蒜是大蒜经过60~90天的自然发酵制成的。您尝尝，是酸甜的味道，没有了蒜味。这是因为大蒜中的成分多数被分解成氨基酸、果糖，不过蒜氨酸被完整地保留了下来，这下黑大蒜的药用效果就更强了。您知道吗？专家做了一个专门的分析对比：发现黑大蒜比普通的大蒜蛋白质、糖分、维生素含量增加了2.5倍，可综合活性是普通大蒜的10倍以上，抗氧化能力是普通大蒜的15倍以上！对咱们人体起重点保健功能的氨基酸有18种，只有黑大蒜才有！

因为产品定位是科技性产品，为了取信于用户，所以销售人员在介绍时，会有意识地使用部分专业术语，但她沟通时，仍会特别注意与用户的互动，引导对方感受产品。

仍然是这段介绍，如果以"黑大蒜"的口吻来描述呢？风格可能又变成了下面这样。

嗨！我黑大蒜可以抗血栓、降血脂，预防心梗、脑梗等，这许多的功效您知道是怎么来的吗？

其实已经不是什么秘密啦！我的体内富含三种成分——艾乔恩、多酚类物质和游离氨基酸。其中艾乔恩是我所独有的，具有极强的抗血栓、分解脂肪、抑制胆固醇生成、提高大脑活性化以及预防多种慢性病等作用。而游离氨基酸更易于人体吸收，S-烯丙基半胱氨酸成分还具有预防心肌梗死、脑梗死和抗动脉粥样硬化的功效！

我的蜕变是痛苦而快乐的。因为我要在高温、高湿的发酵箱里自然发酵2~3个月，不过这期间，原来大蒜中所含的蛋白质被分解为氨基酸，碳水化合物被分解为果糖，加上被完整保留下来的蒜氨酸，我的神通变得更强大了！

有数据为证哦！我黑大蒜比普通的大蒜，虽然蛋白质、糖分、维生素等含量只是增加了2.5倍，但综合活性是普通大蒜的10倍以上，抗氧化能力是普通大蒜的15倍以上！而起重点保健功能的18种氨基酸，只有我才具备！

根据三种不同的角色定位写出的三种文案给人的感觉也大不相同吧？

4.2.4 选择匹配产品的文案性格

经过了产品类型分析、受众人群的特点和喜好分析，以及自我角色定位，我们对文案的性格设定也就基本可以完成了。

我们来梳理一下之前筛选"黑大蒜"文案性格的工作，如图4-1所示。

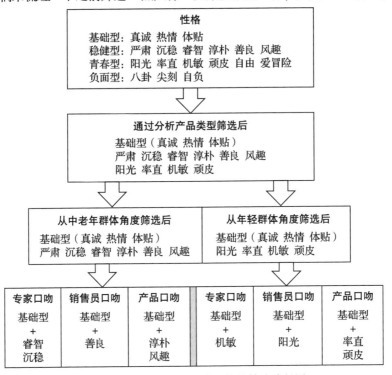

图4-1 "黑大蒜"文案性格的筛选路径图

这种逐层递进筛选的方法可以帮助我们圈定适合自己产品的文案性格。不过，无论对于何种带货文案来说，一定要保持真诚、热情和体贴。

4.3 怎样强化文案的性格

在确定带货文案的基本性格之后，将它稳定下来，有助于增强受众对产品的认知，并可以促进产品品牌知名度的提升。

从一定意义上来讲，产品的品牌是传播推广出来的。赋予其性格特征是传播推广的重要一环。尤其对新产品、新品牌更是如此。

4.3.1 对文案拟人化运营

强化带货文案的性格，最容易操作的方法就是将文案拟人化。

如果产品品牌已经做了拟人化设计，这里可以直接挪移过来，并在运营中进一步诠释、明确。例如，我们比较熟悉的"新生代网红"——熊本熊。它是日本熊本县的吉祥物、"形象大使"。整个形象设计类似一个长了白色嘴巴、白色耳郭、白色眉毛，有着大大白色眼球、两点圆圆腮红和两条小短腿的黑"口袋"。但它凭着"贱萌"的性格设定成为在世界上拥有极高人气的吉祥物。

我们看下它在微博上的文案，无不契合其性格设定中"贱萌"的特质：

- "假如汉堡欺骗了你，
  不要悲伤，不要心急！
  饥饿的日子里请记住你还有肉夹馍！#熊本熊##麦当劳肯德基否认汉堡变小#"

- "早上好，总是这样，毫无预兆地被帅醒#熊本熊#"

那么，如果你的产品还没有做拟人化设计呢？别着急，可以作兼顾考虑后，从文案着手切入。

1. 给自己取个名字，自称时也强调这个名字

人的名字是代表一个个体的特定名称符号。它有两个基本功能，一个是令自我和其他人区分开来，一个是被其他人将自己和别人区分开来。

将文案拟人化的第一步，就是给自己取一个名字，以便在文案中用于自称。

例如，"北京壳牌"自媒体中自称"小壳"，"三只松鼠"自媒体中自称"松鼠"，中国建设银行的"龙卡信用卡"自称"小龙"。而传统媒体使用更多，在自家媒体行文时也特别注意加上自家媒体名称，例如使用"新京报记者""北青报记者"，而非"记者"。更有的直接使用媒体名称，如以"华夏时报""环球时报"直接发问。

这样的好处在于，通过不断曝光自己的名字，加深受众的印象。

文案中你要使用的这个名字应该和你的产品或品牌相关，而不是用毫无性格特色的"小编"这两个字。取名字有几个方法可以参考：

1）根据产品或品牌的名字。如"北京壳牌"的"小壳"，"三只松鼠"的"松鼠"。

2）根据已有吉祥物的特征。如中国建设银行的"小龙"。

3）根据产品特点与品牌的结合。如淘宝网的"淘宝小二"。

2. 选择一个形象，让大家提到名字时能想到它

选择固定形象是产品 IP 化的重要一步。在自媒体中使用卡通形象的商家已经有很多了，例如，苏宁易购使用的是一只小狮子，中国建设银行使用的是一个龙娃形象，京东在发布消息时则总不忘带上它那只呆萌的金属狗。

使用卡通形象可以使产品或品牌具象化，也更容易赋予它性格。这样的形象出现在文案中，不仅能够为文案增添活跃元素，而且能够令文案的性格愈发鲜明。

在被赋予性格和故事后，卡通形象还可以做成产品或品牌的吉祥物，变身为小礼品、线下活动的"亲善大使"，逐步肩负起产品代言人的角色，拉近与消费者之间的距离，甚至影响到消费者的购买决策行为。

3. 赋予文案情绪、爱好，不怕有脾气就怕太温暾

既然拟人化运营要使文案拥有生命，就不要吝啬于给予它情绪和爱好。有情绪和爱好的生命才能够鲜活，而只有鲜活的生命才能够引发他人的共鸣。

有生命的文案，遇到应该愤慨的事情它一定要义愤填膺；遇到喜悦的事情它一定要欢呼雀跃。它应该能够感知受众的冷暖，体贴受众的心情。

电信运营商的文案更多地会关心受众的流量是不是快要用完了，会隔三岔五地做活动送流量或者推出流量优惠，像是营业厅里一位恪尽职守的女营业员。

健康类的优秀自媒体则像一位中年大夫，面目和善，最会嘘寒问暖，传播健康知识。推送产品时，它们也表现出十二分的真诚和体贴，似乎已经替用户质疑过、试用过。

4.3.2 你见过吉祥物打架吗

你见过吉祥物打架吗？

上网查查看各地的视频就可以知道，OPPO 和 vivo 家的吉祥物很能"打架"。它们本有着相同的投资人，有时候却会在家电卖场举办节庆推广活动时大打出手，当然也有时候会一致对外，把酷派的吉祥物"掀翻"。

它们为什么会打架，而且还会"兄弟相残"？其实，这是它们的营销方式，赋予它们吉祥物的性格就是爱"闹事"，很青春、很能打的样子。笨拙的吉祥物打成一团，是不是特别搞笑？于是顾客也就顺手帮忙传播了。

下面一起欣赏一下 OPPO 官方商城文案的风格：

"不用说，每周练手速的机会到了

10:00 城主将准点开启 1 元秒杀 + 闪购专场

车载闪充/智能插座/便捷转接头/时尚手机壳

准备好网络和澎湃的心了吗？

快选定你的心仪配件，为 Ta 备战吧"

看，搞个活动都要"练手速""准备好网络和澎湃的心""备战"，一幅不安分的样子，吉祥物相应地在卖场里"闹点事""打个架"也就显得很正常了。

这是文案和吉祥物在性格设定上的"言行一致"。

那么，你听说过文案能"掐架"吗？

比较经典的一个案例是奔驰借宝马百年庆典所做的文案营销。

2016 年 3 月，在宝马筹备百年庆典之际，奔驰发布文案，主动庆祝宝马汽车百年华诞，并称："感谢 100 年来的竞争，没有你的那 30 年好孤单。"这句话听上去让人感觉有点小坏。

网友的解读是："我比你的历史还长 30 年，你是小弟啊！"

于是，有宝马的粉丝替宝马做了一个文案进行回应："君生我未生，我生君已老。"没人确认这个文案的真实出处，不过却非常巧妙，意思是我出生时你已经老了，我比你年轻啊！不过有说法是，宝马表现出一副高姿态，官方对奔驰的小坏并未回应。

从双方的表现看，处理都颇为巧妙、大气。

总之，自媒体时代，产品与用户之间的互动越来越多，越来越直接，作为传播推广产品的文案，即使在不同的场景下，行为风格也要保持一致。例如，接听客服电话的语气、回复用户留言的用词，甚至是在线下做活动的时候，吉祥物的表现等，风格统一，这样才可以强化产品文案刻意塑造的性格。

4.3.3　把印象烙到受众的心底

美国在几年前拍摄过一部科幻爱情片，叫《她》（Her），讲述的是作家西奥多在结束了一段令他心碎的爱情长跑之后，接触到一款先进的人工智能操作系统 OS1，这款系统能够通过和人类对话，不断丰富自己的意识和感情。渐渐地，西奥多爱上了操作系统里的女声。这个叫"萨曼莎"的女声不仅有着略微沙哑的性感嗓音，并且风趣幽默、善解人意，让孤独的男主角爱得越陷越深……

这部电影告诉我们，一些时候，仅靠虚拟的人设就能够打动受众。那么，产品推广文案能不能打动受众呢？重点还是看你有没有用心，有没有把自己的情感和情绪融入进去，最终获得受众的情感认同。

行文时，如果你能把受众看作自己心仪的另一半，或者亲人，将心用到细节上，距离文案的成功就又近了一步。

所以，向受众强化文案的性格特点还有一个方法，就是从细节处着手，把拟人化的文案的一些行为固化下来，真的像一个人一样，每每遇到相同的场景，就会做出相同的反应。

例如打招呼的方式。

过去30多年，冯巩每年都参加中央电视台除夕夜的春节联欢晚会，他登场的第一句话总是："我想死你们了！"听的次数多了，只要听到这句话，不管是谁说，我们脑海中都会闪现出冯巩一脸憋着笑的模样。

这就是冯巩通过一句话向我们强化的结果。

类似，还有许多电视节目在开始时要高喊的那一句口号，都会起到强化产品品牌特征的效果。

除了打招呼，还有其他一些行为——

例如对特定群体的称呼。

例如表示惊讶时使用的一个表情。

例如某一句口头禅，等等。

另外，也可以总在某个特殊的时间点，固定做点什么。

新华社的微信公众号总在22:30左右发布一条"夜读"，内容是一些人生的感悟或者小品文，积累了很大一批用户。有时候发布稍微晚一点，就会有人留言问怎么晚了，自己一直在等着看。

还有自媒体，每天早上会发出问候，每天晚上会道一句晚安，很是体贴，也总能得到一波回复。

小　结

毕业多年之后，再见到老师，你会发现老师只记住了两类同学：一类是特别优秀的，一类是调皮捣蛋的。中规中矩的同学都被忘记了。

这两类同学，一类是因为有着优秀的成绩，一类是因为突出的个性。

如今，市场上的产品是过剩的。要让受众关注你的产品，了解你的产品，进而喜欢上你的产品，抓住他们的心格外重要。方法是，你要么优秀；要么你的个性有足够的吸引力。

在为文案努力寻找契合产品和受众的性格时，你会自觉地站在受众的立场上，反复审视受众能不能够接受、会不会喜欢自己的产品，发掘它与受众物质需求和精神需求的结合点。

正常的产品推广传播只是建立销售人员与消费者之间普通的等价交换关系，而在经过反复审视，为带货文案赋予性格之后，这种普通的等价交换关系中就加入了情感营销的成分，消费者看待产品也开始重视感情和心理上的认同。

所以，写被赋予性格的文案时，要尤其注意下面几点：

1）要让受众能够轻松地看懂，并可以融入其中产生情感共鸣。

2）煽情有度，找到你的受众最敏感的需求点，从而到达对方心里。千万不要自我陶醉，反让对方不明所以。

3）无论什么时候，文案创作者要做的，都是努力挖掘受众内心的需求，而要去改变的，则是令自己的文案更有创意，从而能够打动受众，成为他们的知心人。

第 4 课
优秀的文案应该是个"活生生的人"

课后演练

用文字为你的产品做一个画像。这个要展示给目标受众的产品画像,应该包括可以令人想象的个性化形象及其性格;同时,请模拟一篇能够反映出其个性化形象及性格的简短文案。

你的产品画像
形象:
性格:
模拟文案:

第5课
带货文案的标题必须要"抓心"

章节重点

- 标题的制作方法。
- 标题制作中应该注意的问题。

思考提示

- 一条吸引人的标题应该具备哪些特征?
- 你的目标受众群体关注的关键词有哪些?

第 5 课
带货文案的标题必须要"抓心"

5.1 标题取多少个字效果更好

从传统媒体到互联网媒体,媒体传播的形式正在发生着变化。

不过,有一点几乎没有变,那就是标题的重要性。

当年我在报社工作的时候,每天晚上,编辑会将超过 1/3 的精力放在标题制作上,他把编辑好的版面送到部门主任那里,部门主任会将 50% 以上的精力放在标题的提升上,而到了值班总编那里,他花在报纸头版和每个版面头条上的注意力更是不会低于 70%。

而第二天,大家到单位后最重要的一件事,就是把同城主要报纸都拿来摆放在一起,比较头版内容的选择,比较重要新闻的标题哪家制作得更好。

大家的共识是,**重要新闻的选择和头版头条标题的制作决定着一份报纸的生命力。**

后来我到了北青网工作,标题仍然是我每天要过问的重点工作,并且更深地体会到,**对互联网来说,标题就是流量,标题更是内容的生命。**

我们首先来探讨标题取多少个字更合适。不要小看这个问题,这是保证传播效果的要素之一。

但还有一条最重要的,就是对博客、公众号等自媒体类标题来说,并非要把限定的字数填满才好,一定要打眼,让受众一眼能看懂。

1. 传统纸媒

纸媒的标题相对规范。大标题里一般不用除冒号、引号以外的标点;表达疑问或感叹时,句末的问号和感叹号可用可不用;标题有两句及以上的话,确实需要断句时,多是在句子间采用空格代替。

目前，多数都市报的标题一般为 12～18 个字，其中头条标题一般为 12～13 个字。现在肩题①的使用减少了，如需要时，多采用副题②或者引言③。

杂志文章的标题一般在 18 个字之内，短的可以是一个或者两个字。

2. 互联网媒体

互联网媒体的标题传承了纸媒的一些做法，多数比较规范。不过由于互联网自身的特点，只能显示一行标题，所以采用单行题。

因为网页宽度所限，一般媒体网站的标题在 22 个字以内。

3. 博客类自媒体

博客类自媒体包括今日头条、百度百家等。

自媒体的标题相对比较不规范，通常会出现除句号以外的其他标点符号，逗号的使用较为普遍。甚至有些标题中会出现"｜（竖线）"或者"【】"，在前面提示或者在后面备注"深度好文""活动"或者栏目名称，以便于引导受众阅读或对文章进行归类。

例如标题：健康讲堂｜干眼症不能乱滴眼药水

在这个标题中，"健康讲堂"类似于栏目名称，可以提示受众这是一篇以"讲堂"形式传播健康知识的内容，讲授者会是有一定权威性的专家。同时，"健康讲堂"应该也是这家自媒体努力打造的子品牌。"子品牌化"运营的做法对提高受众黏性有着重要意义。

从各平台展示美观的角度看，自媒体文章的标题尽量不要超过 33 个字。

4. 微信公众号

微信公众号的标题和博客类自媒体情况相似。不过由于转发到微信群、朋

---

① 肩题：又名引题，用在复合型结构新闻标题中，放于主标题之前，选择新闻中一个侧面作为前导引出主标题，同时负有辅助阐明主标题的作用。

② 副题：用在复合型结构新闻标题中，是主标题的后续和对主标题的说明补充，主要作用是对主标题加以印证、注释或补充。

③ 引言：有时会被处理成"编者按"，写在正文内容的前面，提出文中要讲的问题，以引导读者阅读或理解全文。

友圈时标题显示字数限制的问题，标题长度多采用 10~27 个字。

5. 微博

一些文案性质的微博通常也使用标题，会放在句首位置，并用"【】"括起来，多数不会像博客和公众号标题那么长，常在 10~22 字之间。如：

@人民日报

【微评论：没有一流的下水道，就没有一流的城市】一场大雨，检验出城市的脆弱一面，北京如此，其他城市的情况可想而知。没有一流的下水道，就没有一流的城市。基础设施薄弱是城市建设的通病，这场暴雨再次为我们敲响警钟：在注重城市华丽外表的同时，更要关注一个城市的内在品质。

6. 电商平台

电商平台的产品标题最为无序，重点是展示商品的卖点，以便于消费者更容易搜到这款产品，为节省位置，多不使用标点，长度在 30 字左右。

店铺首页广告文案的字数不限，但通常会选择对卖点进行醒目处理，字数反倒不会太多。

5.2 取标题的 12 个招式

文案成功的诀窍是能用一句话打动消费者。这句话应该就是标题。

信息越多，受众的耐心也就越少。大家浏览互联网，能够分配到每条标题的时间可能只有一两秒甚至更短。

偏偏这一两秒决定着你的文案的命运，标题被点击，或者被忽视。

如果用户没有选择点击打开，你针对文案内容所做的一切努力都等同于零。

取什么样的标题更能够抓人眼球？

招数很多，我在这里归纳总结了最常用的 12 个。

5.2.1 贴近新闻

新闻的优势是时效性强、客观公正、真实权威。

就像许多人天生对商业广告持怀疑态度一样，许多人对新闻的报道内容天然更感兴趣，也更容易接受。

新闻⊖类标题比较适用于发布会和品牌、产品等曝光。

例如下面这几条：

"任正非：华为将开放出售5G芯片包括竞争对手苹果"

"北大毕业生开30平方米小店卖米粉4年赚了5个亿"

贴近新闻的标题制作要领是：

1. 给谁看要选好角度

对不一样的受众，为了不一样的传播目的，设计标题选择的点也会不同。示例中"华为将开放出售5G芯片"侧重的是品牌传播，受众是所有关心华为的人；"4年赚了5个亿"则是面对创业者、加盟商。

2. 表述相对完整、直接

新闻标题多采用主谓宾或主谓结构，只看标题就能看出内容反映的主要事件。要去掉不必要的元素，做符合标题规范而又干净利落的实题。好的标题是把新闻事实交代清楚，尽量避免重复的用字或用词，更要去除"受众不关心的表达"。

3. 有新闻主角

如示例中的"任正非""北大毕业生"。主角可以是人，也可以是品牌、产品等。

⊖ 本处"新闻"所指的是狭义的新闻概念，即消息。作者注

4. 表述客观

把主角和事件摆出来，不进行评论。新闻标题一般不会出现"原来是它""竟然是它""不看后悔"等故弄玄虚的表达。

5. 标题能够反映出时效性

如任正非那条标题，"华为将开放出售 5G 芯片"隐含着这句话是任正非刚说的，华为很快将有开放出售 5G 芯片的计划。而北大毕业生那条，"4 年赚了 5 个亿"反映出赚了 5 个亿是 4 年结束时的一个统计，这是新近采访到的数据。

需要注意的问题

（1）不要太笼统

看新闻的时候，我讨厌一种标题："外交部发言人就……答记者问"。标题写了一大行，什么关键信息也没体现出来。其实，他们的回答里面一定是有新闻点的，但编辑给出这么一个懒汉标题，如果对"……"不感兴趣，很多人恐怕也就不会看了。

像"华为将开放出售 5G 芯片"这条标题，如果使用"任正非接受 CNBC 采访"，恐怕很多人也不会看了。这条标题里比较吸引眼球的点在于"包括竞争对手苹果"。而"北大毕业生开店卖米粉赚发了"这样的标题吸引力也会大打折扣。

（2）表达要清晰

有一条标题"最新研制带电的水杯有效抑制打嗝的烦恼"，能看懂意思吗？从字面意思推测看，有可能是想说"最新研制出来一种带电的水杯，可以有效地抑制打嗝，帮人消除打嗝的烦恼"。那么标题修改为"最新研制成果：带电的水杯可有效抑制打嗝"是不是更容易理解呢？

5.2.2 设置问题

设置问题是常见的互联网自媒体标题。

好奇是互联网受众的共同特点之一。设置问题的目的是提醒注意，引导思考，突出某些内容，从而进一步引发受众的好奇心，抓住他们的眼球，激发起他们的阅读兴趣。

这类标题包括疑问、设问、反问等。

不过这类标题不要经常使用，而且要用在必要的地方、必要的时候，否则也会引发受众的"审美疲劳"，效果反倒不好了。

我们来看下面几个标题：

"早晨吃鸡蛋对身体是好还是坏？万万没想到！不看会后悔！"

"什么？啄木鸟根本不是好鸟，原来我们都被骗了好多年！"

"每天节食＋跑步，却1斤没瘦？小心陷入这些误区"

"难道你为了买一双鞋，真的要吃一个月泡面？"

设置问题的标题制作要领是：

1. 拎出文案要表述的核心内容

文案要表述的核心内容，往往也就是我们的文案要传播的目的。

例如"吃鸡蛋"这篇文章，是想告诉大家吃鸡蛋对大家的重要性，以及要怎样吃。

"啄木鸟"这篇文章是要告诉我们啄木鸟其实不是好鸟。

"小心陷入这些误区"这篇文章是要提醒警惕减肥瘦身的误区，告诉受众误区有哪些，正常应该怎么做。

而"买鞋"那篇文章，是要引出"如何在保证'生活'的前提下拥有潮流单品"，顺带推介一款产品。

2. 提炼出一个吸引人的问题

提问，可以有疑而问，也可以无疑而问；可以有问有答，也可以问而不答。重要的是，提问是为了让受众一眼看到，并去判断这是不是引发自己好奇心的问题。

"吃鸡蛋"这篇文章，可以提炼出许多个问题。早晨吃鸡蛋对身体是好还是坏？不管什么样的人都适合吃鸡蛋吗？吃多少才算好？应该用什么方法吃？这么多问题，其实哪个都不精彩。但是，"早晨吃鸡蛋对身体是好还是坏"应该是争议最小的。作者选择这个问题放在标题里，是要与"万万没想到"的自答制造冲撞的效果。

"啄木鸟"这篇文章的标题使用了"什么？"非常明确的目的就是提醒注意。

"难道你为了买一双鞋，真的要吃一个月泡面？"这条标题非常有意思。作者真正想问的是"如何在保证'生活'的前提下拥有潮流单品"，但这个问句指向有些笼统，而且读起来有点晦涩，于是选了"潮流单品"里面的一个代表——"鞋"去设问，让标题一下亮了起来。

而且，这是一个"反问"，受众自然知道不应该为了买一双鞋去吃一个月泡面，然后会很想看看作者介绍了什么样的方法。于是，顺利吸引到了关注。

3. 把与"习惯思维"的碰撞放到标题里

问题与习惯思维的碰撞会激发受众的好奇心。

碰撞越激烈，受众的好奇心也就越重。

"吃鸡蛋"的标题，"早晨吃鸡蛋对身体是好还是坏"在受众的思维里，几乎是没有争议的，但紧跟来一句"万万没想到"，使碰撞愈发激烈，会吸引到许多受众关注。不过，在内容里，并没有多少"万万没想到"的表述，却有"标题党"的嫌疑，并不是太可取。

啄木鸟一直被归类为益鸟，在我国被称为森林医生。但"啄木鸟"这篇文章给了我们另一个视角，说它"根本不是好鸟，原来我们都被骗了好多年"，的确令人好奇。

对于"每天节食+跑步"，这应该是许多想减肥塑身的人心中的优选良方了，竟然"1斤没瘦"？并且还会有误区，到底是怎么回事？带着这些"不合常理"的疑问，只要关心减肥塑身的人，恐怕多数会被吸引。

"买鞋"和"吃一个月泡面省钱"联系起来，有令人忍俊不禁的感觉。不过，对于一些"00后"，却又是真实存在的现象。

需要注意的问题

(1) 标题中的提问，在文内一定要有答案

文题不符，很容易成为"标题党"，会极度影响受众的体验。

(2) 警惕出现语病

设置问题这种操作比较容易出现语病。尤其是反问句，有时候很容易把自己也绕迷糊了，一不小心，要表达的意思甚至就反了。

有这样一条标题："吃了一盘香椿炒蛋，他为何器官衰竭？"感觉是不是有些别扭？原因出在提问的时候，把"他"后面的谓语漏掉了。可以修改为"吃了一盘香椿炒蛋，他为何会出现器官衰竭？"

其实这条标题用陈述句的效果并不比疑问句式差："男子吃了一盘香椿炒蛋，竟多器官衰竭！这些菜吃前一定要焯水！"

5.2.3 揭示冲突

"'滚！'程元新想起当年在乡村县城沿街卖蒜遭受的羞辱，敲宾馆客房门，人家开口就是这个字。

如今，利用互联网跨境电商平台，他把山东金乡大蒜卖到35个国家，身家过亿。"

这是一段文案的开头，文案标题是：

"从沿街售卖频遭羞辱到身家过亿备受追捧，他是怎么做到的？"

常规性的话题往往显得平淡，而如果话题涉及冲突或者矛盾，就很容易调动大家的好奇心理。例如在上面这个示例中，"沿街售卖频遭羞辱"和"身家过亿备受追捧"形成了受众对主人公身份认知上的冲突，顿时增强了标题的吸引力。

所以，有意识地把话题的冲突或者矛盾反映到标题里，同样非常吸睛。如

下面这几条：

"从'放养'到'精英'的教育转型，美国家长反思了什么？"

"这里有家牛肉火锅店，来的人都不吃火锅"

"冲马桶，盖？还是不盖？实验结果竟是……"

揭示冲突的标题制作要领是：

1. 找到冲突或矛盾

制作这类标题，首先要看看文内是否存在冲突或矛盾。

找的方法就是留意让你突然感到不可思议的那几句话，或者是要让你停下来想一想的那几句话。

首先看"美国家长反思"的这条。孩子教育一直是大家关心的话题，我们也时常看到一些文章格外推崇的美国教育方式——给孩子足够的开放、自由空间，类似于"放养"。但现在怎么突然强调起了"精英"教育呢？因为在我们的意识中，精英教育一定是给予了足够的干预与训练的。"精英"教育几乎是"放养"教育的反面，这不是应该对立的吗？

"火锅店"的冲突来自，明明是牛肉火锅店，可来的人都不吃火锅。

"冲马桶"这条，是大家在生活中普遍会遇到的问题。

2. 提炼相互冲突的关键词

找到了冲突或者矛盾所在，接下来的就是提炼关键词。

因为标题有字数限制，所以，选取越简练、越有冲突性的关键词越好。

例如"精英"和"放养"，"火锅店"却"不吃火锅"，"盖"还是"不盖"。

3. 围绕关键词把标题补充完整

关键词是用来突出冲突和矛盾的。有时候，可能正文讲的并不完全是矛盾冲突的那个点，把标题补充完整的过程也是修正标题的过程。例如，"冲马桶"这条标题补充的内容透露出，"我们做了实验，本文有权威的结果"。

> **需要注意的问题**
>
> （1）冲突或者矛盾，可以是事实上的、观念上的，也可以是逻辑关系上的、利益上的
>
> 如在"北大毕业生开30平方米小店卖米粉4年赚了5个亿"中，"北大毕业生"和"卖米粉"，以及"小店"和"4年赚5个亿"就是逻辑关系上的冲突。
>
> 在"从'放养'到'精英'的教育转型，美国家长反思了什么？"这条标题中，"放养"和"精英"是观念上的矛盾。
>
> （2）冲突和矛盾要把握一个度
>
> 有一条标题："你嘴边的外卖盒，可能曾是废尿袋；每一种罪恶背后，都是麻木的纵容"。这里面，"外卖盒"和"废尿袋"是冲突的两个关键词（不过这标题的确很恶心）。

在媒体圈有个不成文的规定，就是"不要使用过于血腥的照片"，目的是避免引起读者的不适。我们设计文案的标题时，也要注意受众的感受。

5.2.4 披露真相

北京卫视有个电视栏目，叫《档案》。节目自2009年2月开播以来，以其独特的节目样式、全新的讲述方式、第一手的珍贵档案资料，一直深受观众喜爱。而在上海电视台，也有这样一档栏目，深受广大观众好评。

节目受欢迎的原因是什么呢？

两档节目共同的定位是纪实，在探索和披露一些事件的真相。

遇到一件事情，我们习惯于想知道前因后果，想知道这件事情真实的一面，这就是在不自觉地探寻真相。

做披露真相的标题，仍然是满足受众好奇的需求。如下面这几条：

"真相来了！白粥、面条不养胃！真正养胃的方法就两个字"

"为何非洲人渴死不挖井，饿死不种地？真相没那么简单！"

"火锅店员工揭底：这几种菜，我们自己都不会吃！"

"黑幕 | 如何创造速富神话？'微商'店主揭秘月入数万的'秘诀'"

披露真相的标题制作要领是：

1. 考量披露的真相有没有价值

披露的真相应该有实用性、知识性或者社会意义。

当要披露某件事的真相时，这件事本身已经存在，但对于真相，我们可能思考过，也可能并没有去想过。

例如，对于白粥、面条，我们普遍认为是养胃的。因为从我们很小的时候，如果身边有人胃口不好时，老人一定会说："来，胃不好喝点小米粥，再不就吃点面条吧。"

对于"非洲人"这篇，我们也是有认知的，甚至也一直好奇，非洲那么贫穷，他们为什么还不种地呢？

而对于"火锅店的菜""微商赚钱"所说的问题，我们可能就不曾去留意过。

可如果知道了真相，"白粥、面条"这篇内容有实用性，"非洲人"这篇可以让我们长知识，而后面两篇则有社会意义。

2. 确定找出的真相到底是什么

我们首先要清楚，正常认知并不一定是和真相相悖的。即使是真相验证了认知，也同样有传播价值。

例如百余年前，爱因斯坦的广义相对论率先对黑洞做出预言，从此成为许多科幻电影的灵感源泉。人们普遍认同黑洞是存在的，科学家们则一直在探寻黑洞是否真实存在。2019年4月份的天文大发现终于给出了答案，就是——黑洞真的存在。

我们还是以前面所列的标题为例。

在我们意识中，小米粥、山药、南瓜等就是养胃的。而"白粥、面条"这篇文章逐一分析，最终得出结论，有些食物容易消化，适于生病时食用，但不益于长期"养胃"，而有些食物索性就没有助消化的功用。文章分析出的真相是"白粥、面条不养胃"。

"非洲人"这篇是对人们普遍没有具体认知的问题找到的"真相"：当地人的风俗。

接下来的两篇则属于行业起底、曝"黑幕"了，它们讲出的真相是超出人们正常认知的：火锅店员工不吃"颜色不正常的鸭血、泡过的鱿鱼、白肉红肉能轻易分开的羊肉片、过氧化氢或甲醛浸泡过的假百叶、各种肉丸子、培根香肠等"；而个别月入数万元的店主则极可能打着"微商"的幌子，做着非法的勾当，警示网友一定认清骗局。

3. 选用吸睛的关键词制作标题

披露真相的标题有几个常用的关键词：真相、曝光、起底、黑幕、原来是、解密、揭秘等。

只要它们出现，受众就会特别多看两眼。如果你再将一些冲突性元素或者能够吊起受众胃口的元素放到标题里，文章被点击阅读的概率就会大大提高。

看"曝光了！售价3 980，成本价80，你被坑过吗？"这个标题，你会点进去吗？这个是实打实的产品文案啊！

需要注意的问题

（1）真相的来源要权威

只有权威的来源得出的"真相"才是最有说服力的。

权威的来源包括正规的专业机构、业界专家、知名人士、相关机构，甚至官方媒体等。

有些文章，只是做一些臆断，然后就标注上"真相"，固然能够一时吸引眼球，但再有几次类似的情况，会降低受众对这个账号的兴趣。

（2）标题中不一定要把真相写出来

因为有些"真相"表述起来比较长，或者真相本身并不是特别有看点，可以考虑标题中不直接体现真相内容，而是委婉表述。例如"为何非洲人渴死不挖井，饿死不种地？真相没那么简单！"要远远好于"为何非洲人渴死不挖井，饿死不种地？真相是因为风俗"。

5.2.5 突出独家

"独家"是媒体喜欢标榜的一个词，意思是自家媒体率先报道的、人无我有的消息。独家新闻不仅是某一媒体抢先刊载或播发的消息，还应具有特殊的新闻价值和一定的权威性。

突出独家的时候，标题中经常使用"独家报道""独家探访""独家专访""独家调查""独家起底""独家曝光"等。

这样的目的不仅是凸显自家媒体的实力与速度，还能够吸引受众阅读。因为受众如果不选择目前看到的这篇报道，就会错过第一时间了解相关事件详情的机会。

而对于独家的消息，受众一般也会更愿意去分享、转发。如下面这几条：

"独家专访黑科技掌门人：核心技术，千万不能急功近利"

"独家解读丨要砸多少钱才能进哈佛？"

"独家揭秘！30元一次的'幸运盒子'竟是骗局！"

突出独家的标题制作要领是：

1. 确认你的消息是同行第一份

做媒体的时候，有时会遇到一种情况，几家媒体一起采访某位人物，但第二天报纸发表出来，有的媒体标题竟然使用"独家专访×××"。遇到这种情况，所有一起去采访的记者都会特别鄙视这家媒体和那位写稿的记者。

你采访的时候，别的记者也都一起采访了，你刊登出来的时候，别的媒体也都刊登了，你写的文章哪能是"独家"呢？

所以，想突出"独家"，在制作标题的时候，一定要确认一下，真的没有同行和你一起得到了这个消息，当你发布的时候，还没有其他家发布过你的消息内容。

也就是说，要么你是唯一去采访了受访者的媒体，要么你是拿到了消息并第一个发布出去,至少占一个,再考虑突出"独家"。

2. 选一个合适的"独家"表述

能够和"独家"两个字结合起来的表述有几种,像"独家专访""独家探访""独家揭秘"等。在标题里如何使用,主要看你想突出的内容是什么。

如果受采访的人很重要或者很特殊,可以使用"独家专访""独家访问"等。例如"独家专访黑科技掌门人"。独家专访后面是跟名字还是身份,则要看哪个更吸引人。比如,这个黑科技掌门人知名度不是特别高,突出"黑科技"效果会好一些,但受访者要是马云的话,"独家专访马云"一定比"独家专访阿里巴巴掌门人"更吸睛。

如果大家关注的是事件,最好使用"独家调查""独家报道"等。

如果大家很感兴趣的是一个地方或者一个群体,最好使用"独家探访"。

如果是分析性的内容,最好使用"独家解读"。

如果是探寻真相性的内容,可以使用"独家揭秘""独家解密"。假如这个真相是负面的,还可以使用"独家曝光""独家起底"等。

不过,"独家"也不可以滥用,有媒体刊发出来"独家招聘",就有些滑稽了。

3. 把最受关注的内容放进标题

"独家"两个字将受众的目光吸引过来,标题接下来要做到的就是能够让人点进去阅读。

对独家消息来说,一定是有新内容的。新内容可能是事件、事件进展,也可能是观点。那就把这个新内容放进标题。

标题里的新内容要么应该具备冲突性,要么应该是最新事件或者具体的新观点。"独家专访黑科技掌门人:核心技术,千万不能急功近利"这条标题的后半截不吸引人,就是因为观点不够新。如果改为"独家专访黑科技掌门人:人工智能替代人类还需多久"会更好一些。

需要注意的问题

(1) 快速，先人一步

先人一步很重要。

快速拿到一手资料，更重要的是快速发布出去，哪怕只是快十几分钟或半小时，对应的流量可能就是几十万次。如果别人赶在你前面，你的"独家"含金量也就打了折扣。

(2) 深度，挖到新看点

不过，也并不是只有第一个发布消息的才能突出"独家"。如果你找到了当事人，而且他接受你的单独访谈，也可以说是"独家专访"，如果你深挖到了事件的进展，也可以说是"独家跟进"。

但一定要有新的内容。如果只是把之前别家报道过文章的做一个整合，就有些对不起"独家"两个字了。

5.2.6 骇人听闻

有一种营销方式叫"恐吓营销"，就是通过向消费者列举问题，渲染问题的严重性，达到从心理上恐吓的效果，最终令消费者选择购买产品。

在标题制作上，其实也有一种类似的方法，就是突出渲染某一事件、现象可能引发的严重危害或者后果，使受众感到非常震惊甚至害怕，只不过，它追求的是让受众赶快去阅读内容。至于内容是不是也"骇人听闻"，就不好说了。如下面这几条：

"挤了颗痘痘，女子高烧昏迷进了ICU……这地方别乱碰！"

"小心！北京这N家'黑店'，吃过的人都……"

"太可怕了！54个活人齐刷刷消失了"

"如果你不怕得肿瘤，就学小贝去文身吧"

骇人听闻的标题制作要领是：

1. 找到问题

人对于老、病、死有着与生俱来的恐惧。有些特殊的事物或缺乏安全感，或失去亲人、财富、地位等心理也会让人感到恐惧。

在确定标题之前，先看文内涉及的问题是否能和人的老、病、死，或者其他能够让人产生恐惧、震惊心理的东西发生关联。

例如，"女子高烧昏迷"这篇讲的是一女子嘴唇上方长了一颗米粒大小的痘痘，结果引发危险三角区感染造成海绵状静脉窦炎，致使高烧昏迷。

"黑店"这篇是要讲一系列餐饮店。

"54个活人消失"这篇是讲大型车辆有视觉盲区，在大卡车头部周围的不同区域同时站54个人，位于大卡车驾驶员位置竟然都无法看到。

"去文身吧"这篇讲文身后常见的皮肤病变。

其中，"54个活人消失"这篇涉及的是人们对生命的敬畏，而其余3个则选择了人们对"失去健康"的恐惧。

2. 渲染后果的严重性

渲染后果的严重性，方法是在标题里凸显能够引发人恐惧或震惊的缘由，如老、病、死，或者那个能够让人产生恐惧、震惊心理的东西，从"事实的角度"去震慑人。

"女子高烧昏迷"标题，高烧昏迷已经是比较严重的反应，进了ICU更是。

"黑店"这篇使用的是"吃过的人都……"，至于有多严重，受众可以去联想了。其实，这篇文案是推广一系列"黑暗"餐厅的，文内并没有任何骇人听闻的东西，所以文案创作者在标题里用了这个可以双向解读的表达，让受众误以为是"吃过的人都趴下了"，实际是"吃过的人都说好"。

"54个活人消失"这篇，可以让人想象到的是54条鲜活的生命不见了，这几个字传递的信息已足够严重。

"去文身吧"这篇，直接把人人谈之色变的"肿瘤"拎了出来。

3. 制造骇人效果

恐怖片真正令人害怕的不只是画面，还有音乐。选好了骇人的落点，接下来就该加点"音乐"了——从文学的角度进行烘托。

仍以前面的 4 条标题为例。

"女子高烧昏迷"标题进一步使用了"揭示冲突"的方法,从"挤了颗痘痘"到"高烧昏迷进了 ICU"形成令人难以相信的认知碰撞。而"这地方别乱碰"的警示更能够加重受众的好奇心。

中间的两条标题,分别使用了警示句和感叹句来制造紧张气氛,先让受众把心提起半个。然后,一个特别突出"N 家'黑店'",黑店不说,还是很多的"N 家",传递的信息是它们的影响面一定很大;另一个突出"54 个活人"消失,而且是"齐刷刷",的确有恐怖片的节奏,太可怕了……

"去文身吧"标题的创作者使用祈使句,有效加重了规劝不要去文身的语气。"如果你不怕得肿瘤",其实是讲"你如果去做,得肿瘤的概率会非常高",足够让想去文身的人心脏快速咚咚跳两下了。

需要注意的问题

(1) 选择触及目标受众利益的切入点

我们要点燃一个鞭炮吓唬人,最佳位置一定是离他最近的地方。要做骇人听闻的标题也是这样,选择最能触及目标受众利益的切入点,效果才能更好。

对吃货来说,"小心!北京这 N 家'黑店',吃过的人都……"这条标题就很好。但对不文身的人来说,"如果你不怕得肿瘤,就学小贝去文身吧"这条标题则是无效的。

所以,设计标题前,先要了解一下你的目标受众最关心什么,最在乎什么,然后反其道而行之,就很容易"吓"到他们了。

(2) 骇人效果要适可而止

骇人不是目的,引导受众阅读文案才是目的。

在为写本书收集案例的时候,我就被一些自媒体的文章吓过,或者说"恶心"过。那些作者,有的还是传播健康知识的专业机构。我能够明白他们的用意是好的,但过分渲染,尤其是配图不当,让人看后感觉很不舒服,于是不再读下去,匆匆关闭页面了事,哪里还会有什么传播效果呢?

5.2.7 利益诱惑

街头药店吸引老太太的一招，就是便宜送鸡蛋，非常有效。

获客的一种方法——以利诱之。

对于文案创作者来说，写"以利诱之"的文案也会比较多，优惠、送福利一类的标题成了常写的标题。但写的多了，传播效果反而有所下降，怎么打破受众的"诱惑疲劳"也渐渐成了问题。

利益诱惑类标题有以下几种：①优惠促销；②免费送福利；③活动赢奖励；④赚钱机会。

如下面几条：

"千万粉丝福利来了！豪礼狂送，抢到就赚【300减200】"

"互动赢大奖｜酒逢知己千杯少，比比看谁酒量好！"

"五一购物终极省钱攻略，不看损失'1个亿'"

"一天带货1.6亿，短视频顶级从业者如何变现？"

利益诱惑类的标题制作要领是：

1. 找到优惠、送福利的理由

按道理说，商家想优惠、送福利随时都可以进行，但想效果好，最好是能够有个理由。这样一来让受众之前就能有个预期，二来让受众感觉到优惠的价格并不是常年都有的。

优惠、送福利和活动的时间通常集中在每年的各个主要节日，例如春节、情人节、母亲节、父亲节、五一国际劳动节、端午节、中秋节、国庆节、重阳节、元旦等；再就是人造的节日，如"双十一"、店庆日、新春购物季、暑期购物季、金秋购物季等。

再就是围绕一些特殊的事件，如世界杯等。

至于设计利益诱惑的标题，则没有那么多讲究，避开每年农历正月的用户参与活动的淡季就好。

2. 判断受众最想要的是什么

大家在不同的时间点感兴趣的产品也会不一样。

所以，要对优惠的产品、送福利的产品，甚至是在活动中作为奖品的产品都要认真考量，确保受众会感兴趣。尤其是对一些季节性的产品，更要做好判断。否则会直接影响文案的效果。

"千万粉丝福利来了"这篇是三只松鼠微信公众号发布的内容。三只松鼠的产品是坚果，所以这个"满300减200"的福利吸引力没问题。

"比比看谁酒量好"这篇是郎酒2019年三月底做的一个在线活动。郎酒是白酒，如果是在春节前后发起这个活动，参与度应该更佳。

3. "诱惑"要明确写到标题里

以利诱之，当然要把"利"写在最显眼的地方。也就是说，"利"不仅要写到标题里，而且要写得够"诱人"。

"千万粉丝福利来了！豪礼狂送，抢到就赚【300减200】"这条标题，乍一看我有点搞不清楚"抢到就赚【300减200】"是什么情况。后来打开文章看了看，确实是购物满300元减200元。

那么标题直接做成"千万粉丝福利来了！满300减200！抢到就赚！"不更好吗？

"一天带货1.6亿，短视频顶级从业者如何变现？"这条标题诱惑力也不太足，原因出在标题没有"近身"诱惑。修改成"一天带货1.6亿！他们借短视频赚钱的招数你会吗？"直接谈"你"和"赚钱"，可能更好。同时还可以避免有违广告宣传中对极限词使用的规定。

4. 选择对受众更有诱惑力的表述

一双新款真皮女鞋，往常售价499元，现在要做三八妇女节活动，计划3.8折销售，怎么做标题更吸引人呢？

A. 三八节福利！××品牌时尚新款真皮女鞋3.8折销售！

B. 三八节福利！××品牌时尚新款真皮女鞋仅售189元！

C. 三八节福利！××品牌时尚新款真皮女鞋直降310元！

你会选择哪个？

我们在一个有着近400人的女性购物群里做了一个小调查——哪个标题更能吸引你。177人给了答案，其中，选择A"3.8折"的有36人，选择B"仅售189元"的有89人，选择C"直降310元"的有52人。

对于为何不选择某个标题，比较集中的原因如下：

1）不选A"3.8折"标题的原因：不知道优惠力度到底有多大，因为平常网上就有低折扣在卖。

2）不选B"仅售189元"标题的原因：不知道优惠产品的原价，另外担心这个价格的产品质量没有足够的保证。

3）不选C"直降310元"标题的原因：不知道直降310元的优惠力度算大还是小。

整体来看，在折扣不是非常低的情况下，受众对金额的敏感度高于对折扣比例的。尤其是受众对这个产品日常的价格有了解时，应该尽量选择让多数人感觉优惠力度最大的表达形式。

需要注意的问题

（1）参与方法要写清楚

无论是优惠、送福利，还是活动赢大奖，一定要把参与的方法写清楚。

参与的环节不宜太多，参与的形式也不宜太多。例如三只松鼠的"千万粉丝福利"来了，里面竟然有三种券，一个是"满300减200"，再一个是"全天5个时间段满199减50"，还有一个"跨店满199减120"。从文内逻辑上看，好像应该是"满199减50"更抢手（因为需要限时抢），但另外两个又明显比这个实惠，所以不得不令人怀疑另外两个是不是有附加条件？再或者"满199减50"和另外两个可以叠加？文案中没有写，搞得人一头雾水。

所以，这类文案最好的做法就是环节设置得简单些，参与方法讲清楚，后面加上链接或者二维码，直接将文案的受众导入活动参与页面。

（2）优惠最好限时、福利最好限量

优惠限时、福利限量有一个好处，就是易于制造紧张气氛，暗示受众赶快下单购买。

例如，"三八节福利！××品牌时尚新款真皮女鞋仅售189元！"修改为"三八节福利！××品牌时尚新款真皮女鞋仅售189元！限30双！"

是不是想购买的冲动比之前更强烈了？

（3）千万不要忽悠人

互联网上做优惠活动，已经出现过不止两三起点错小数点、标错价格的事情。有的商家不想认"栽"，于是反悔，结果引起众怒。本来是想通过优惠拉销量，顺带回馈消费者，结果落得里外不是人。

还有的商家在兑现承诺的奖励上做小动作，少发奖品甚至调换奖品，获奖的用户一旦爆出，往往也是得不偿失。

5.2.8　引燃情绪

引燃情绪的做法就是作者直接将自己的情绪传达到标题里，以影响受众的情绪。这些情绪包括气愤、悲伤、紧张、无奈、怜悯、钦佩、崇敬、惊喜、快乐、思念等。

人的情绪更像一只钩子，彼此间能够连接、"传染"，就具体事件引发情绪波动甚至强烈的共鸣。

所以情绪类的标题带入感更强，也更易于在社交媒体上转发、传播。如下面几条：

"这是谁的悲哀？！学生和老师在课堂上互扇耳光"

"可耻的22分钟，可悲的3个中国女孩"

"可悲！爸妈只顾玩手机，女儿3岁不会叫人！家长都该看看"

"可敬！老教师91岁不下讲台：要让留守儿童能念上书"

"如果家乡可以实现梦想，谁还愿意去远方？"

"哇！4月新女装实在太美了"

引燃情绪的标题制作要领是：

1. 确定你要引燃的是哪种情绪

引燃情绪是手段，明白达到什么样的目的最重要。针对我们文案的传播目的，要考虑好你要引燃的情绪是什么。

"学生和老师在课堂上互扇耳光"这个标题在一直推崇尊师重教的今天，令人震惊。但这到底是谁的悲哀呢？学校教育的，家庭教育的，疑惑二者兼而有之？事件传递的是深刻思考，是一种"焦虑"的情绪。

"可耻的22分钟"这篇文章是讲3名中国女孩在英国拍摄的一部时长22分钟的短剧里面，刻意贬低华人形象，传递出的种族歧视连外国人也看不下去。事件传递出的不再只是可耻、可悲，而是愤怒。

"老教师91岁不下讲台"这篇文章讲的是老人坚持为留守儿童教书，述说了老人的可敬，标题便在有意引发受众的崇敬之情。

"如果家乡可以实现梦想，谁还愿意去远方？"这篇文章引发的更多的是一份无奈的情绪。

"哇！4月新女装实在太美了"这篇文章则是表达一种惊喜。

2. 导入"身份"

标题中导入身份定位性的词汇有助于圈定引起共鸣的人群。

"学生和老师在课堂上互扇耳光"这个标题反映出的冲突会引起社会的广泛关注，而学生和老师的标签，更能引发教育工作者和家长的焦虑与思考。

"可耻的22分钟"里，用中国女孩会引起国人的普遍关注。

"爸妈只顾玩手机"里，用3岁女儿关联的受众人群是幼儿的家长。

"如果家乡可以实现梦想，谁还愿意去远方"，这个标题的口吻传递出的身份是远离家乡，在外求学、工作、打拼的青年人。

"4月新女装实在太美了"，说出这句话的，当然是爱美的女人了。

3. 选出最能激发情绪的关键语句

能够激发情绪的关键语句有两类。

一类是文案创作者抒情式的主观断语；另一类是能够让受众自主感受并迸发出情绪的语句。这种语句往往和我们的正常认知存在着明显的冲突。

例如上面这6条标题中的：学生和老师互扇耳光；可耻、可悲；可悲、3岁不会叫人；可敬、91岁不下讲台；实现梦想、谁还愿意；哇、太美了。

需要注意的问题

（1）不怕稍有偏激，但忌煽动情绪

既然是要引发受众的情绪，所以标题表述中稍有偏激反倒会起到更好的传播效果。例如"该死！这个女子贩卖22个婴儿！"

不过，一定要注意不可以煽动情绪，不能把对某些不良事件中个体的指责引向群体。而仇视社会的情绪更要不得。

（2）不要传递悲观厌世的情绪

引燃情绪的标题应用比较广泛，但一定要记住不可以传递悲观厌世的负面情绪。何况悲观厌世等负面情绪和产品的推广传播也不会产生任何正面关联。

5.2.9 时不我待

时不我待型标题其实是通过渲染紧张气氛、制造紧迫感，吸引、刺激受众尽快关注某件事或购买某件产品。

类似于我们时常听到的"最后一件""优惠最后一天"等宣传，吸引消费者赶快消费，唯恐被人抢先下手而使自己失去机会，或者"过了这村就没这店了"。

而非销售类的文案中，使用时不我待型标题，也能够起到吸引、催促受众阅读的作用。

如下面这几条：

"快抢位子啦！花海狂欢派对，这些活动让你嗨够 8 天！"

"最后一天！错过你就只能和爱车'泪别'了！"

"抢鲜看｜丑女孩只能优秀？"

"抢先测评！华为 P30 真能拍到对面楼的小姐姐吗？"

时不我待型标题制作要领是：

1. 描述的主体要有时效性

想使用时不我待型标题，应该确认你要推荐给受众的产品、活动，或者想让受众看的事件是"应季"的。一些旧闻或者离发生还有很长一段时间的事情，如果也使用时不我待型标题，就变成彻头彻尾的标题党了。

产品的新品上市促销、季节性清仓等，都非常适合使用这类标题。

如上面的示例中：

"花海狂欢派对"这篇文章是即将开始的。

"最后一天"这篇文章由义乌交警发布，指的是电动自行车登记备案的最后一天，否则将不能够上路行驶。

"抢鲜看"这篇文章中，"丑女孩只能优秀？"是一本要推介的新书。

"抢先测评"这篇文章发布时间的两天前，华为刚刚发布了华为 P30 系列手机。

2. 要有专属性

描述的主体的专属性是指它应该面向特定的人群，在特定的时间阶段满足他们共性的需求。

有些文案使用笼统性的标题，例如"快来！优惠最后一天"，当发布在公众号里时，受众结合发布账号能够推测出做活动的产品是什么，但一旦转发、传播出去，这条标题的吸引力就会大打折扣，不一定能够达到吸引目标消费者的目的。

示例中的几条标题都比较好,"花海狂欢派对""爱车""华为 P30"可以锁定感兴趣的群体。而"丑女孩只能优秀"虽然没有说明是一本书,但对这个话题感兴趣的群体和书的读者群是有效重合的。

3. 使用紧迫性词汇

渲染紧张气氛、制造紧迫感当然需要能够令人产生紧迫感的词汇。

对于产品推广或者优惠活动来说,这类词汇可以使用新品上市、最新推出、大促三天、即将售罄、最后疯狂、快快抢购等。

限时限量的元素最好也体现在标题里,如就限当天、仅限前 50 名等。

而对于事件来说,最能够令人紧张的也就是时间元素了。如下面这几条:

"仅仅几秒!悲剧发生,监控曝光后让人愤怒!"

"恐怖!短短 2 分钟,大火从 2 楼烧到 17 楼"

"一晃,我们就老了"

需要注意的问题

(1)不要制造假紧张气氛骗人

在我的住处附近曾经有一个箱包店,宣传搬迁甩货,还有"最后三天"。一开始吸引了不少人进去看看,谁知道一周过去了,它仍在"最后三天"甩货,一个月过去了,这家店才真的搬走。不过,自一周过去后,基本就没有再顾客进去了,因为周边的人都已经知道它在说谎,反而使正常的购物者也没有了。

商场里也会有这样的店铺,你什么时候去都在打折,而且折扣基本没有变化,那你还会去着急在那里买东西吗?

互联网上的活动也一样,可以隔段时间再做,但也尽量不要延期,说了几天就是几天,否则受众会有被"忽悠"的感觉。

(2)文案不宜太长

紧张的情绪不会保持太久。你如果想向受众传递紧张、急迫的情绪,内容最好简洁、快速,将必要的信息传递到位,更多时间留给受众"直奔购买现场"就好了。

5.2.10 实用经验

切牛羊肉时逆着纹理来切，刀和肉呈 90°，切出来的肉片会更容易咬，比较容易嚼烂；切猪肉要顺着纹理来切，这样炒出来的肉不会散。

将 45℃左右的温水倒入密封盒里，加入小半勺白糖，再把香菇放进去，盖上密封盒盖子，然后摇一两分钟，可以快速泡发干香菇。

对做饭的朋友来讲，这些小窍门是不是很实用？

在各个传播渠道中，经验介绍、实用信息都是非常受欢迎的内容。所以，通过传播经验和实用信息的形式来推广产品、为自媒体吸引更多的粉丝关注，是一个不错的做法。

如下面这几条：

"炒肉之前多这一步，肉片又嫩又香，不看亏大了！"

"让米饭更好吃的 16 个窍门"

"护肤，这关键一步绝不能少"

"【经验分享】不同类型失眠的对症调理"

"路由器要不要关？80% 的人都做错了，难怪信号越来越差！"

"50 条没人告诉你的人生经验（非常精辟）"

实用经验型标题制作要领是：

1. 标题要看起来就"实用"

在发布实用或者经验型内容时，应该选择和我们自身的产品或者用户群贴合的话题，然后在制作标题时，最大限度地贴近多数用户的痛点。

越是新鲜、越是有争议的话题对受众的帮助会越大，也越利于被他们分享、传播。

选定了实用的话题，标题更应该一眼看上去就"实用"，能够解决受众较为关心的某一问题。首先选择痛点来设问，如：

怎样把肉片炒得又嫩又香？

怎样让米饭更好吃？

怎样护肤更有效？

怎样解决失眠问题？

怎样解决家里 Wi-Fi 信号越来越差的问题？

怎样才能让人生少走弯路？

结合要推广的产品功能，带货文案的标题多数也可以做成实用经验型标题。

2. 与别人的标题做出差异

除了一些很新的产品的使用技巧，以及科学、健康等与生活密切相关领域的新发现，实用经验型的内容多来自转发。

所以一定要努力做一个与众不同的标题，让受众看起来认为你这里有新的东西。

方法之一，就是最好不选比较常见的话题，例如"不要再熬夜了，危害太大""快停止暴走，你的膝盖伤不起"等，这种内容已经传播较广，已成为多数人掌握的常识，这个角度的标题尽量不要再使用。

方法之二，对内容进行整合，做综合性标题，加大信息量，以量取胜。例如"让米饭更好吃的 16 个窍门""【经验分享】不同类型失眠的对症调理""50 条没人告诉你的人生经验（非常精辟）"。

方法之三，加入场景，让标题新鲜起来。例如，"超实用！油菜花人像摄影技巧大全"。

3. 标题点"症"或突出"效果"

实用经验型标题尽量采用实题㊀，点出用户的痛点或者突出经验或者解决方法的效果、功用。例如，

肉片可以做得又嫩又香；

㊀ 标题中的实题与虚题相对。实题的特点是以阐明事实为主，着重交代具体的人物、事件、结果等事实性质的要素；虚题的特点是以说理为主，着重说明原则、道理、愿望等事件的本质或意义。

米饭可以更好吃；

可以有效护肤；

可以对症调理不同类型的失眠；

信号不再越来越差；

得到 50 条非常精辟的人生经验……

需要注意的问题

（1）经验和实用信息一定要真实

既然标榜是经验或实用信息，就一定要保证方法和内容的效用和真实，切不可选用道听途说的内容。

判断效用和真实性的方法主要有三种，一种是找人或者亲自去试一试。如果真的有用，还可以结合自己得到的一手信息进行完善和改写。

再一种是谨慎选择来源。仅在权威机构和官办专业媒体采集信息，因为它们发布时往往已经进行了严格的把关。

如果前面两种都做不到，还有一种办法，就是针对性去咨询、采访专家，让他们出面证实。届时，也可以将其作为信息来源写在文案中，增强内容的权威性。

（2）技巧和小窍门要易于操作

选择的技巧和小窍门不仅要实用，还要注意易于操作。

例如，文章里提到的需要的工具或者材料，应该比较容易找到。而具体操作，也应该比较简单。对照着操作流程说明，零基础知识的人最好也能够实现。

基于此，对经验、技巧和小窍门等的描述要尽量少使用专业术语。

5.2.11 警示提醒

警示提醒型标题和经验实用型标题一样，都属于以替受众着想为出发点的服务类标题。只是经验实用型文案所讲的，是受众已知自己需要，并能够提升自身技能的信息，而警示提醒的内容多数是受众尚不掌握，且如不掌握可能会引发不良后果的信息。

如果推广产品,警示提醒型标题可以直接把某种用途或者使用方法传递给受众,效果往往也不错。如下面这几条:

"这条路段将封闭施工9个月,请注意绕行!"

"赏了花,女子视力骤降至0.1!千万小心这'玩意'!"

"家里有电磁炉的快看!千万别这样做,会爆炸!"

"孕妇儿童老人最应该使用净水器!"

"4折热促,快来抢!春季优惠不能错过"

警示提醒型标题设计要领是:

1. 列出重要的信息

警示提醒型标题属于实题,应该在标题里直接传递你要告知大家的重要信息,或者介绍已经发生严重后果的事件并警示大家。

我们来看上面的几个示例,传递的信息分别是什么。

"这条路段将封闭施工9个月"这篇文章,通告一个即将发生的事实。这个事实会影响到大家的出行。

"赏了个花,女子视力骤降至0.1"这篇文章是写了一个后果严重的事件,造成这一后果的原因可能还会危害到其他人。

"电磁炉会爆炸"这篇文章属于涉及人身安全的安全警示。

"孕妇儿童老人应该使用净水器""4折热促,春季优惠"这篇文章则是明确的提醒。

2. 明确做出要求或建议

警示提醒型标题应该有明确的要求或者建议,即告诉受众"应该怎么做"。

例如,"路段将封闭施工9个月",给出的要求是"绕行"。

"女子视力骤降"给出的要求是"小心这'玩意'",只是到底是什么"玩意",卖了个关子,想知道答案就需要阅读文章了。

"电磁炉会爆炸"这个也是,建议"别这样做",需要感兴趣的受众深入阅读了解。

"孕妇儿童老人最应该使用净水器"的建议是非常明确的。

"4折热促"的建议是"快来抢""不能错过"。

3. 使用祈使句

祈使句表达上比陈述句的语气要重一些,是提醒受众要做什么或者不要做什么。既然是要达到警示或者提醒的目的,这类标题自然应该选择使用祈使句。

祈使句的主语常常被略去,句末一般使用感叹号,不过有些祈使句只是做请求或者叮嘱、建议,当语气较弱时,在标题中可以不加标点或者用逗号。

祈使句可以用"千万""一定""应该""必须"来加重语气,或者用"请"来表示请求。

上述示例标题就都是祈使句。

需要注意的问题

(1) 涉及的事件要真实,观点要权威

要求或者建议别人去做,我们就要对说出去的话负责,所以一定要保证信息的真实性、权威性。发布的内容最好是官方的一手信息。

内容涉及真实事件的,更要好好核实其真实性。否则,警示提醒型标题传递的可不止像经验实用型那种帮得上或帮不上大家,而是真的在耸人听闻、制造混乱了。

尤其在警示类文案内,最好注明信息来源。

(2) 提醒的表达要把握住尺度

发出警示或提醒时,我们通常不支持用带入感太强的标题。

例如,"家里有电磁炉的快看!千万别这样做,会爆炸!"最好不要换成"小心你家的电磁炉!千万别这样做,会爆炸!"

这种暗示恶果的做法,虽然有更好的震慑作用,但会让人心里不舒服。

5.2.12 趣味八卦

趣味八卦型标题是最能够让人轻松的"快餐式"标题。在这类标题中，通常会使用一些有趣、八卦的词语，给人轻松愉悦的感受。

八卦、逗乐之心人皆有之，年轻的受众群体更是。这类标题能够快速抓住受众的眼球，比较适合消磨受众的碎片化时间。

如下面几条：

"皮皮虾我们走，看看情人节单身狗是怎么被'怼死'的"

"有人把明朝王爷的名字放一起，发现了一张元素周期表"

"真是想火想疯了，咋不去天上扭两下呢？"

趣味八卦型的标题制作要领是：

1. 找到受众关注的兴趣点

趣味八卦型的文案一般笔触会比较活泼，行文也会比较随意、天马行空，但重要的是找到受众关注的兴趣点，写在标题里。

"皮皮虾我们走"这篇文章选择了情人节这天，盘点了一下"秀恩爱大全"，最后号召大家去上海一家商场。文案发布在情人节的前一天，找的受众兴趣点当然是情人节了。

明朝王爷和元素周期表怎么就联系了起来呢？这个标题能引发很多人的兴趣。

"想火想疯了"？这种人现在不少，把这一点提出来，想看看的受众应该有很多。

2. 表达要有趣

找到兴趣点算是完成了第一步，趣味八卦型的标题一定要有趣，才能彰显趣味，或者够八卦。

"皮皮虾我们走"这篇文章，选了情人节，不过拉出一只"单身狗"出来游街，看他是怎么被"怼死"的。

"想火想疯了"这篇文章，后半句的表述很情绪化，也很有意思。

3. 千万别太"正经"

做趣味八卦型标题，重要的一点是"顺溜"。口语、网络用语都不用太顾及，一语双关或者绕十八个弯都可以，重点是受众能看懂，能感兴趣，在嬉笑怒骂间看了文案，你的传播就达到了预期效果。

太一本正经的风格反倒不适合趣味八卦型标题。

  需要注意的问题

（1）不要开过火的玩笑

娱乐八卦、搞笑甚至是恶搞的标题为一些年轻受众喜欢，所以许多文案创作者也乐于运用。有正规媒体发布一条公众号内容，标题是"你瞅啥？瞅你咋地？公安发布：2019年打架最新成本！"大家都这么顽皮啊！

不过，注意写这类文案、取标题都不要过火，当调侃一些人物、事件时要把握好尺度，不要诋毁、侮辱到别人，甚至惹来不必要的侵权官司。

（2）别陷入低级趣味

趣味八卦型标题尤其还避免低级趣味。

例如据传国外曾有人将《水浒传》书名翻译为《105个男人和3个女人的故事》，诱人肆意想象。

而现在有些文案标题，时常借用双关、打擦边球，或者带挑逗含义，或者进行一些隐晦的暗示，即使骗得了流量，也是失败的。

5.3 设计高流量标题的9个技巧

5.2节介绍了制作标题常用的招式，从示例应该能够发现，这些招式许多时候并不是孤立使用的，而是相互结合的，以达到更好的效果。

掌握这些基本的招式之后，我们本节来看下在提升流量上，还有哪些具体的技巧。

5.3.1 让受众感觉和自己有关系

人们习惯更关心和自己有关的事情。例如许多人对住所旁边超市打折的关注度远远高于南美洲某个国家的战乱。

所以，做标题的时候，尽量让目标受众感觉文案说的事情和自己有关联。

例如下面几条：

"冰橙汁第二杯半价！"

"喝一口冰冰凉的冰橙汁，第二杯半价！"

这类文案在夏天是比较常见的，"冰橙汁第二杯半价"传递的信息没有问题，但人们路过时，如果不是很渴，看看也就算了。

当前面加注上"喝一口冰冰凉"呢？这可不仅是对橙汁口感的一个说明，而是在向过路人暗示："喝一口冰冰凉，消暑降温，非常舒服！"让人禁不住想，"太好了，我也要舒服一下"。

通过带入感增强了消费者的需求意识。

再例如下面几条：

"这种食物营养价值高：生吃可解毒，熟吃可滋补！可惜大多数人都吃错了……"

"这种食物生吃可解毒，熟吃可滋补！可惜多数人吃错了，猜猜你吃对了吗"

两条标题最大的区别在于下面的一条增加了"猜猜你吃对了吗"。虽然看不出讲的是哪种食品，但只是说"可惜大多数人都吃错了"，是在陈述一个结果，和"我"有什么关系呢？没有太强的必看性。

不过，标题后半截增加"猜猜你吃对了吗"，受众得到提示后，会习惯性地去猜："我才没多数人那么笨呢，一定吃对了！"或者"多数人都吃错了，我可能也错了。"但不管是哪个猜想，看到标题的人都会禁不住去找找答案。

5.3.2 引发受众的好奇心

引发受众的好奇心有几种方法，像提出疑问或者用细节等。

提出疑问是在引导受众进行思考，让他有意识地去关注某个问题，然后产生好奇心。

像刚才提到的"这种食物生吃可解毒，熟吃可滋补！可惜多数人吃错了，猜猜你吃对了吗"这条标题，"猜猜你吃对了吗"这句话，就是引导受众去猜，之后再寻找答案。

看看这几条：

"消化科医生推荐6个养胃秘籍，照做3天就舒服了"

"胃不好？消化科医生推荐6个养胃秘籍，照做3天就舒服了"

上面两条标题，第一条只是在客观陈述，有些平淡。第二条标题虽然只是增加了"胃不好？"但这几个字就像一只"小灯泡"，可以一下让受众关注到，并有了好奇心，会认真关注标题余下的部分，进而阅读文案内容。

细节可以传递不同寻常的信息，所以一些细节同样可以引发受众的好奇心。

我们还是拿本书5.2.6小节中提到的一个标题来举例，下面是两家自媒体针对这同一话题写的两条不同标题：

"这个地方长痘千万别动！这起悲剧为所有人敲响警钟！"

"挤了颗痘痘，女子高烧昏迷大小便失禁进了ICU……这地方别乱碰！"

比较之下，很容易发现哪一条会更加吸引人。

第一条标题，提到了"这起悲剧"，没有明确说是个什么样的悲惨，有多么悲惨，而且放在标题的后半段，削弱了它的冲击力。

而第二条标题，讲了细节，"挤了颗痘痘，女子高烧昏迷大小便失禁进了ICU"，受众看到后，可能不会去判断这是不是个悲剧，但一定会想"啊，怎么回事？怎么可能这么严重？"好奇心就被激发出来了，于是赶快去阅读。

5.3.3 使用双关语

使用双关语可以增加标题的趣味性。

双关语在标语式文案中最为常见，简洁的双关语可以让人很容易记住，并易于传播。

例如下面几条：

"赶时间，谁不想有双翅膀——来一客香辣鸡翅吧！"（麦当劳）

"4G，快人一步"（中国移动）

"每个人心中都有一颗红星"（红星二锅头）

我们来看看一个双关语在互联网传播中的运用。

"4分钟视频揭露'孝顺真相'：真正的爱是爱到心里有数"

这是一段非常感人的短视频。

讲父母关注着子女成长中的一串串数字，包括每个阶段的身高、考试的分数，你出差时飞机落地的时间及城市的天气温度……而子女，可能并没有注意父亲已经过了退休的年龄，他因为年岁增长已经发胖……

短视频的结束语："对家人心里有数，让爱有迹可循。××家庭医疗，20年守护家的温度。"

这是某品牌的传播视频。这个品牌生产、销售血压计、制氧机、血糖仪等产品。短视频用"心里有数"的落点，唤起受众对父母关注不够的反思，引导受众从"数字"的角度去掌握父母的身体健康状况，是一次非常成功的情感深度营销。

标题强调了"真正的爱是爱到心里有数"。

是在说作为子女爱父母，应该心里有数（心里了解情况）？还是子女说心里要有关于父母的一串串数字？

相信你应该觉得都对吧，文案创作者正是用了双关语。子女看过视频，再回味标题，就会更深刻地意识到应该多关注父母的身体健康了。

5.3.4 使用热点关键词

热点关键词不仅是指热点新闻事件的关键词、时间节点关键词等，也包括网络上的热点关键词，如青蛙、吃土、皮皮虾、小姐姐、C 位、彩虹屁、pick……互联网从在不断生产着令人脑洞大开的词汇，层出不穷。

将一些时下的热点关键词放进标题，可以比较容易地吸引年轻人的目光。不过多数网络热点关键词的最大作用是让标题更轻松、更好玩，巧用热点事件关键词、时间节点关键词才会带来更多的流量。

例如下面几条：

"美 skr 人啦！美鞋横行　漂亮无忌"

"女神节的彩虹屁这么多，真香在哪里！！！"

"奔驰让女人坐在机盖上哭，它却让女人坐在家里哭！"

互联网上，skr 谐音"si ge"，彩虹屁则是指"粉丝们无脑花式吹捧"。

前两个标题使用网络热点关键词后的确可以让人觉得很"亲民"，不过至于这两个标题是不是有吸引力，更多的还要借助除了热点关键词后剩下的部分，看是不是有让人点开的冲动。

所以，用网络热点关键词做标题的秘籍，其实是"吸引人的活儿交给热词，留住人的事儿再想办法"。

而"坐在机盖上哭"来自 2019 年 4 月的一个热点新闻事件，被自媒体标题争相报道。

"奔驰让女人坐在机盖上哭，它却让女人坐在家里哭"这个标题，很容易吸引住正在关注"奔驰让女人坐在机盖上哭"的受众，使他们好奇地想看看到底是谁能够"让女人坐在家里哭"。

5.3.5 将数字放进标题

我们往往对数字比较敏感，因为数字可以给人最直观的感觉。将数字放到标题里，更能吸引受众的关注，形成更强的冲击。

数字在标题里的用法包括突出数量、时间、年龄、频次、比例等，目的是以此与我们认知中的情形形成对比，引发阅读或浏览的兴趣。

例如下面几条：

"眼睛干涩，视物模糊，视力波动……是不是得了干眼症？"

"每3个人就有1例！拿什么拯救你，屏幕前的眼睛"

现在的人看电脑、手机的时间比较长，非常容易造成眼睛干涩发红、视物模糊。这两条标题都是在讲保护视力的问题。

第一条标题虽然使用了提出疑问的句式结尾，但与第二条标题比较，就显得平淡了不少。"屏幕前的眼睛"中用"每3个人就有1例"，这个比例足以令人震惊。

再看下面几个标题：

"老板最喜欢的员工，都有这3种特质"

"只用了两天，1.3万元的折叠屏手机就阵亡了！三星提醒：千万别撕那层膜"

"快扔掉旧衣服！纯棉夏装9.9元2件，抽纸￥0.8！前100名童装免费送……"

这里面，第一条标题，"老板最喜欢的员工，都有这3种特质"，如果你是在为别人工作，看到"3种特质"，是不是想去看看？

第二、三条标题都用数字突出了价格。

"1.3万元的折叠屏手机"只用了"两天"，是不是感觉"好贵啊"！有了这个暗示，许多受众会对手机"阵亡"的原因和三星的提示更感兴趣。

"纯棉夏装9.9元2件，抽纸￥0.8！"可能你对这样的衣服不感兴趣，不过这么便宜的价格会让你好奇到底是什么衣服。而且，还有前100名童装免费送，这几个数字的吸睛作用已经达到了。

所以，从视觉冲击力的角度，标题中的数字使用阿拉伯数字写法的效果更好。同时，可以根据你想表达的意思，配合使用"高达""多达""仅仅""只需"等进一步强调多或少的词语。

可以感受一下这条标题：

"只用了两天，高达 1.3 万元的折叠屏手机就阵亡了！千万别撕那层膜"

5.3.6 突出强调时间概念

通过强调时间概念可以营造紧张气氛，以使受众能够快速阅读或者去参与你所推介的活动。在 5.2.9 小节的时不我待型标题的制作方法中，提到过"使用紧迫性词汇"就是其中一种。

例如标题"恐怖！短短 2 分钟，大火从 2 楼烧到 17 楼"，2 分钟很短，如果前面加上"短短"两个字，会让人感觉时间似乎更短了。

再例如下面几条：

"惊！如果不能每年增长 21%，你的钱就贬值了"

"每天刷牙还是有蛀牙，你是不是忽略了这 2 点?！"

"每年增长 21%""每天刷牙还是有蛀牙"，这里的"每年""每天"则是通过强调时间的概念，给人心理上的压力，从而突出所提及问题的严重性。

突出强调时间概念的另一种用法，可以向受众传递文章包含新闻性信息的作用，告诉他们这是一个"你从来没看过的新内容"。

例如下面几条：

"麻省理工最新研究：孩子更聪明，不是靠阅读，而是聊天"

"最新报告：90 后人均负债 12 万 +?！这届年轻人真敢穷！"

如果标题使用"麻省理工：孩子更聪明，不是靠阅读，而是聊天"，也没有问题，传递的信息我们可以理解为，麻省理工学院有教授说了，孩子要想更聪明并不是通过阅读来锻炼，而是要多聊天。但加上"最新研究"之后，传递的信息则变成了——这是刚刚发布的研究成果，人们对"孩子多阅读才可以更聪明"的认知被颠覆了！

"90 后人均负债 12 万 +"这条标题也是通过"最新报告"来告诉受众，

这是最新的数据，想比别人早了解是什么情况，快来阅读吧。

5.3.7 将对立元素写进标题形成冲突

看电影和电视剧的时候，我们都喜欢看到剧情的冲突，而且冲突越强烈，感觉剧情越精彩。

标题也是这样。一个包含有冲突元素的标题，会更精彩，也会更吸引人。

制造冲突感的最简单办法就是将对立元素放进标题。

例如下面几条：

"死死记住这些药名！给儿童雾化、输液禁用！"

"儿童'神药'竟也是国际'禁药'！死死记住这些药名，雾化、输液禁用！"

前面的标题，在提醒受众，在给儿童做雾化和输液的时候，有些药一定不要使用，是一条标准的警示提醒型标题。但在文内提到，多种在广告中宣称或者被一些孩子家长口口相传功效神奇的药剂，其实已被国内外权威部门提示禁止对儿童使用。

"神药"和"禁药"同时放进标题后，形成了矛盾冲突，能够一下引起受众的好奇心。

再例如下面几条：

"暴走时间过长易损膝关节！"

"每天暴走10 000步的朋友们，你们膝盖还在吗？"

"这不是养生是'养病'！你还在这样走路吗？"

走路是最好的运动之一，但是近年来，一些人热衷于暴走，结果渐渐发现膝盖出了问题。上面3个标题，分别使用了不同的标题类型。

第1条，提出了警示，可以让受众第一时间就能接收到信息——"暴走过长易损膝关节！"第二条要含蓄一些，提出了疑问，暗示有每天暴走的受众关注自己的"膝盖还在吗",使标题的吸引力明显提升。

而第三条,则选择了将"养病"和"养生"放入标题对立起来,使向受众传递的警示作用更加强烈。

5.3.8 将违反认知常理的事件写入标题

将违反认知常理的事件写入标题是另一种制造冲突的方法,它制造的是受众心理上的别样事件或观点与认知常理的冲突。

例如下面这条:

"一口平底锅,不加一滴水,十分钟还原东北横菜铁锅炖鱼"

非东北人去东北菜馆,最受他们欢迎的几道菜恐怕就是酱大骨、铁锅炖鱼、猪肉炖粉条了。一个美食公众号推出的文案,介绍铁锅炖鱼。10分钟可以炖好已经让我有点意外了,更令人吃惊的是,"炖鱼"竟然可以"不加一滴水"!

我的吃惊可能也是多数不明真相的受众的吃惊。点进去阅读后发现,原来文案推荐的是加一瓶啤酒,并介绍称:"啤酒经过炖煮后,酒精都已挥发,剩下浓郁的麦芽香气,全部都融进了汤汁里。鱼肉入口软嫩爽滑,所到之处都是鲜。"

再例如下面这条:

"东北四线城市房价暴跌:万元一套,零元出租,咋回事?"

房子万元一套,零元出租,是不是能将人惊掉一地眼球?文内有图有真相,称当地确实有面积110平方米、总价1万元、月供只需要45元的房子,且有不少房东甚至对租金的要求为零,"只要租客出取暖费与物业管理费,房子就可以签约入住"。这条标题正是选取了这些有违常理的看点,在互联网上引起不小的评论。

我们写文案时,可能不会遇到如上示例的两条标题这样"极端"的事件,不过仍可以有意识地留意,看内容里是否有能够让受众吃惊的事件或观点,以用于标题。

5.3.9 自创或使用少见的哲理性的话

互联网上,还是有不少人喜欢有点文艺,或者有点哲理的句子。所以,许多时候,一些似乎感悟人生所得的标题,也会受人喜欢,收获不菲的流量。

所以,有的文案创作者会热衷在文案开头或结尾的时候,绞尽脑汁,重点打磨几句话出来,然后再呼应到标题里,被人转发时,会使转发者的格调提升了许多。

这种略有些人生感悟的话,最好是能够自创,当然也可以引用,只是最好引用其他人之前的文案中较为少见的语句。

例如下面几条:

"世界上最难走的路,就是捷径"

"今天你对我爱理不理,明天我让你高攀不起!"

"人生若有四季,你便是我的春天"

"成长,是把哭声调成静音的过程"

再就是情感、读书一类的公众号标题,包括新华社的"夜读"栏目,多是这类标题。

5.4 取标题的 12 个招式和 9 个技巧的综合运用

前面已经归纳了取标题的 12 个招式以及做出高流量标题的 9 个技巧,不过它们的运用往往不是孤立的,而是会结合起来。

下面选取了 2019 年 7 月份微信公众平台上 10 个有着较高流量的文案,我们一起来分析这些标题,看看分别使用了什么招式和技巧。

1. 标题 1:垃圾男人分类图鉴

来源:她总

标题招式:5.2.1 贴近新闻、5.2.12 趣味八卦

使用技巧：5.3.2 引发受众的好奇心、5.3.4 使用热点关键词

分析：

这个标题蹭了 2019 年 7 月起上海市实施生活垃圾强制分类引发全国关注的热度，将"垃圾男人"也进行分类，趣味性很强，引发不少受众的好奇心，争相点进去看什么样的"垃圾男人"会被扔进哪类垃圾箱。

其实"图鉴"也算是近两年的一个热词。自网络剧《东京女子图鉴》《北京女子图鉴》之后，"图鉴"被广泛使用，不过这个文案是以漫画形式体现，倒也非常贴切。

2. 标题 2：如果你有女儿，和她聊聊生命中的"四个底线"

来源：十点读书

标题招式：5.2.8 引燃情绪、5.2.10 实用经验、5.2.11 警示提醒

使用技巧：5.3.1 让受众感觉和自己有关系、5.3.2 引发受众的好奇心

分析：

"如果你有女儿"，这 5 个字还是很能够制造紧张气氛的，如果你真的有女儿，你马上就会感到这篇文案会和自己有关系，并且心一下提起来，禁不住自问一句"怎么回事？"父母通常都会紧张孩子的安全与成长，这 5 个字便会抓住不少眼球。

这篇文案是要提醒家长与女儿聊聊生命中的"四个底线"，标题有着警示提醒的意味，同时也透露出这是一篇实用经验的文案，可以告诉家长怎么去呵护女儿。

3. 标题 3：超甜联名 |就现在！送你一整年 hfp 和奈雪

来源：homefacialpro

标题招式：5.2.7 利益诱惑、5.2.9 时不我待

使用技巧：5.3.1 让受众感觉和自己有关系、5.3.6 突出强调时间概念、5.3.8 将违反认知常理的事件写入标题

分析：

"送你一整年 hfp 和奈雪"是不是实打实的诱惑？是不是很厉害？而且

"就现在！"时间紧迫，当然是点击啊！看看怎么才能得到一整年的好礼。

我们见到过商家优惠送礼的，但送"一整年"，恐怕并不多见，会令许多人心思大动。

4. 标题 4：变美不一定要动刀，做对这 5 件事你也可以

来源：黎贝卡的异想世界

标题招式：5.2.10 实用经验

使用技巧：5.3.1 让受众感觉和自己有关系；5.3.2 引发受众的好奇心；5.3.7 将对立元素写进标题形成冲突

分析：

从"做对这 5 件事你也可以"可以看出，这个文案用的是实用经验型标题，告诉女士们只要做好 5 件事，就可以变美。

"变美"是很多女人一直在做的事情，看到这两个字便会拉近女人与文案的心理距离。而变美的方法是什么？很多人会想到整容。这个标题反倒强调"变美不一定要动刀"，自然可以引发受众的好奇心。

5. 标题 5：【提醒】多个孩子被噎身亡！"剪刀、石头、布"关键时能救命！

来源：人民日报

标题招式：5.2.1 贴近新闻、5.2.6 骇人听闻、5.2.10 实用经验、5.2.11 警示提醒

使用技巧：5.3.2 引发受众的好奇心

分析：

这个文案借助了一条令人心情异常悲痛的新闻标题。这个标题是多个标题制作招式的结合体——贴近了新闻、骇人听闻（多个孩子被噎身亡）、实用经验（"剪刀、石头、布"关键时能救命），同时也使用了警示提醒，告诉家长们要注意孩子的救护。

不过，"剪刀、石头、布"是怎么能够救命呢？这个标题也激发着受众的好奇心。

6. 标题6："30秒搭讪，7天恋爱，1个月分手"

来源：人民日报

标题招式：5.2.3 揭示冲突、5.2.6 骇人听闻

使用技巧：5.3.2 引发受众的好奇心、5.3.6 突出强调时间概念、5.3.8 将违反认知常理的事件写入标题

分析：

搭讪、恋爱、分手，30秒、7天、1个月——爱情，原本是人生中很严肃而美好的事情，但与经过特别强调的3个时间段对应起来，凸显出快速认识、快速恋爱、快速分手，节奏似乎令人难以想象，这是为什么？

标题一下引起了受众的好奇心。

7. 标题7：接连2天，3个孩子在家中出事！它的危害堪比溺水，生死只在一瞬间！

来源：学生安全教育平台

标题招式：5.2.1 贴近新闻、5.2.6 骇人听闻、5.2.11 警示提醒

使用技巧：5.3.5 将数字放进标题；5.3.6 突出强调时间概念

分析：

从标题可以看出，这篇文案是根据新闻事件发出的警示提醒。"接连2天，3个孩子在家中出事"，将"2天"和"3个"数字放进了标题里，突出了事情的高发。

我们都知道夏季是溺水致命事件的高发期，需要家长格外注意，但这篇文案所列的隐患危害竟然堪比溺水，很有些骇人听闻的意味。而生死只在"一瞬间"更是强调了该隐患如果发生，时间会很短，从而警示家长千万不要大意。

8. 标题8：中国第一空中楼阁，是如何建成的？

来源：广东共青团

标题招式：5.2.2 设置问题、5.2.4 披露真相

使用技巧：5.3.2 引发受众的好奇心、5.3.8 将违反认知常理的事件写入标题

分析：

这里的"中国第一空中楼阁"讲的是山西的悬空寺。标题中，突出了"空中楼阁"这一违反认知常理的存在，并选择使用疑问句"如何建成"引起受众的兴趣，同时也暗示着内容将会揭开这一秘密。

9. 标题9：德国变态发明，早晚一刷，10年牙垢瞬间溶解，比洗牙还干净10086倍！

来源： 全国交通网

标题招式： 5.2.4 披露真相、5.2.7 利益诱惑

使用技巧： 5.3.2 引发受众的好奇心、5.3.5 将数字放进标题

分析：

为了解决口腔问题，我们每天要刷牙，甚至要定期费时、费钱地去洗牙，现在有一个新发明，只要每天刷刷牙，10年的牙垢都可以瞬间溶解，而且比洗牙还干净10086倍，你好奇不好奇？

看到标题的受众一定还会想：真相是什么？如果是真的，不仅可以得到一口健康的好牙齿，还能省掉洗牙的钱呢！

10. 标题10：千万不要高估，你和任何人的关系

来源： 洞见

标题招式： 5.2.8 引燃情绪、5.2.11 警示提醒

使用技巧： 5.3.1 让受众感觉和自己有关系、5.3.2 引发受众的好奇心、5.3.9 自创或使用少见的哲理性的话

分析：

这是一个能够引起一些人心理认同与共鸣的题目，同时在提醒另一些有"自信"的人，要认清楚"你会得到一些感情，也会失去一些感情，没有一段关系是永恒牢固的。"引导受众从自身出发，去思考人生的哲理。

看完上述10个标题，再总结一下，我们就会发现这些高流量的标题，往往会同时使用两种甚至两种以上的取标题招式，更会同时用多种吸引受众眼球的技巧。并且，之前所介绍的12个招式和9个技巧可以应用在各个领域的文

案标题制作中。

只是在 9 个技巧中,"让受众感觉和自己有关系"和"引发受众的好奇心"是最常出现的,可以说是获取高流量的两个基础技巧。

小 结

标题有那么多的制作方法,提升流量也有那么多的技巧。但归纳起来,想让标题吸引人,最重要的是能满足一个条件,就是对受众有用、有乐或者有感。

有用,是指标题传递的信息是受众生活、工作、学习、娱乐需要的,贴近性、迫切性越强,吸引力就越大。

有乐,是指标题传递的信息能满足受众的玩乐需求,让他心情愉悦。

有感,则是指标题传递的信息能够激发受众的某种情绪,引起他的情感共鸣。

此外,在标题制作中,还要注意两个问题。

一个是说人话很重要。

无论你的专业是什么,受众中有多少高学历的人存在,既然你是做产品的推广传播,面向的是大众,就应该尽量去掉行话、术语,讲绝大多数人都能够听懂的"白话",让受众能够一眼看明白。

二是不要试图做"标题党"。

我曾看到一条标题——"雨刷器刮不干净只能换?用这个办法搞定,省钱又省事"。知道是什么"办法"吗?我满怀新奇地进去看了,原来是卖玻璃水的!顿时心中有阻塞的感觉。做"标题党"的次数多了,是会伤到受众的,最终会影响传播和带货的效果。

课后演练

根据近期发生的热点事件,你如果要做借势营销,结合你的产品可以取什么样的标题?

	近期热点事件借势营销计划表		
序号	事　件	借势关联点	拟 定 标 题
1			
2			
3			
4			
5			
6			
7			
8			

第 6 课
吸引人的文案建立在好的框架上

章节重点

- 掌握如何搭建吸引人的故事型文案框架。
- 了解每种常见文案的架构方法。

思考提示

- 关于你的产品,都有哪些故事?哪个故事是你最想讲出来给大家听的?
- 你认为最适合你的产品的文案类型是哪种?

6.1 见不一样的人说不一样的话

"见不一样的人说不一样的话",并不代表这个人就是见风使舵,反而说明这个人懂得语言的艺术。

因为不同的人群,即使对同一产品的诉求也会不同。

在讲表1-1时,我们已经对产品文案的受众群体做过区分,来归纳他们的信息获取需求和对应的文案功能。这里,我们不再将客户和用户重合部分中的"个人消费者"单列出来,而是增加了一个更小众的群体"媒体记者"。给他们单独讲故事的时候,要怎么区别对待呢?

表6-1对不同群体所关注的故事信息传递角度做了一个总结。

表6-1 不同群体所关注的故事信息传递角度

群　体	行　为　特　点	群体关注点	故事传递信息角度
客户	产品购买者	心理价值	产品的实用价值和社会评价
用户	产品使用者	实用价值	产品的实用性和易用性
媒体记者	传播监督者	社会价值	创新性和社会价值体现
销售商	销售产品获取利润	产品利润	成功案例,能够赚到多少钱
投资人	投资企业和产品	品牌增值	企业发展战略、创新与社会评价

我们每天都在使用手机,那就以某个手机厂商的产品为例。假设他们要发布一款新手机,应该怎样写文案呢?

1. 对客户

客户是产品的购买者。他可能自己用,也可能买了产品送人。客户会注重产品的"价值"和社会评价是什么样的。尤其他想购买了去送人的时候,更会关注这个产品值多少钱、功能有什么、品牌有没有知名度，产品有没有缺陷等。

所以，对客户的文案，一定要侧重从"实用价值和社会评价"的角度，讲这款手机针对的人群是什么样子的，它能解决什么群体的哪些问题，与竞品比有什么优势，行业专家、用户、媒体是怎么评价的。

2．对用户

用户是产品的使用者，所以会更关心产品的实用价值，特别是这个产品是不是适合自己用，用着是不是顺手。

针对用户的文案，要从产品的"实用性"和"易用性"上多着墨。例如这款新手机的功能有哪些，在方便用户上有什么好创意，做了哪些优化等。

3．对媒体记者

媒体的身份比较特殊，一方面它是产品的传播者，另一方面它也是产品的监督者。你的产品有价值，能从它那里得到传播的助力，但若你的产品有问题，它会将负面影响直接放大。作为具备公信力的第三方，媒体会更关注产品的创新性，以及产品的社会价值是正向的还是负向的。

所以，在与记者沟通或者向媒体提供通稿时，要着重介绍新手机有哪些突破性的创新，它的社会价值体现在哪里。

4．对销售商

销售商是产品的销售者，他们最关心的是这款产品能不能得到市场认可，好不好卖，利润率是多少。

如果文案是要给他们看的，一定要注意算账，让他们觉得这款手机很受用户欢迎，必定有钱可赚，帮他树立代理或分销的信心。

5．对投资人

投资人是一个比较特殊的群体，他们要从企业的利润或者企业自身的增值中获利，所以他们更看重的是企业品牌的增值。

所以针对投资人的文案，重点要讲新手机对厂商布局的价值、营收的贡献，以及对企业估值的影响等。

总之，锁定目标用户的关注点，选对信息传递的角度后撰写的文案，传播效果才会是最好的。

明白了这一点，那有没有好的方法能够快速、有条理地写出产品传播文案呢？我们需要探讨一下文案的架构方法。

我们常用的产品传播文案包括故事型文案、资讯型文案、服务型文案、观点型文案、销售型文案。其中，故事型文案讲究"一个好标题＋一个好故事"，最容易感染人、打动人，通常会是带货效果最好的，所以 6.2 节、6.3 节将对其作重点介绍。

此外，需要进行说明的是，眼下的各大自媒体平台的区别主要是选题方向、语言表述习惯上的差异，例如微信公众号、今日头条是综合性的，风格多样；简书面向的人群是文字创作者，偏文艺或专业……但各个平台同一种类型的文案在写作框架上是大同小异的。

正基于此，不同的自媒体账号会择平台而据，尤其是自媒体大号，通常会选择贴合自己定位的一个主平台做运营。

6.2 先酝酿一个吸引人的故事

2010 年，互联网上热传过一张照片。照片上是一位满头白发的老太太，坐在一辆装满了橘子的三轮车旁，满满的一车橘子堆上竖着一块纸牌，上面写着四个字："甜过初恋"。

这短短四个字被网友推崇为最成功的营销案例。原因是，大家看到这四个字，都会不由得想起自己的初恋，一段美好而难忘的故事。

我们驾车行驶在马路上的时候，时常会看到"事故多发路段，谨慎驾驶"的提示，许多司机视而不见。

而我记得前些年,在山东的一段乡村公路上看到过一个提示牌,上面写的是"此处已发生 26 起交通事故,死亡 7 人",许多司机到了那里都会选择减速。因为那短短的几行字,向来往的司机和行人讲述了一个个血淋淋的故事。

相对于抽象的理论与说教,人们总是更容易接受具象的故事。

要有效地传播推广产品,不妨先学会讲故事。

6.2.1 产品可以讲哪些故事

我在报社刚由时政新闻记者转做财经记者的时候,请教一位资深的同事"怎样才能把财经报道写得更可读",他告诉我:"讲故事啊。你可以多学习《华尔街日报》和《金融时报》,再宏观的报道,他们的记者也会从一个故事开始。"

写到这里,我上网看了一下 FT 中文网,2019 年 4 月 26 更新了《金融时报》的一篇报道《特斯拉的自动驾驶之路危机四伏》。

报道第一段是这样写的:"周一,特斯拉(Tesla)关于其雄心勃勃的自动驾驶机器人出租车计划的发布会,晚了 40 分钟才开始,因此其直播平台上的投资者有充足的时间观看一部关于特斯拉汽车驾驶乐趣的宣传片。伴随着背景音乐的律动,特斯拉一遍又一遍地在阳光明媚的山丘上快乐地自由奔驰。"

这是发生在特斯拉新闻发布会上的一个小事故。报道开篇描写的这个细节,读起来给人身临其境的感觉,现场活灵活现,读者感受到的已经不再是一场干巴巴的发布会新闻。其实更契合作者寓意的是,这发布会开场的小事故是不是又在暗示着什么?注意,这篇报道的标题可是"特斯拉的自动驾驶之路危机四伏"啊!

这"小事故"俨然成了一个套路深深的故事。

言归正传,我们接下来要探讨的是,文案可以从哪几个方面讲故事。

1. 原产地的故事

互联网时代带给我们的福利之一就是拉近了地球每个角落的距离。你居住在城市里,可以及时了解到田间地头农产品的信息,可以知晓远在另一个大洲的最新时尚,并且能够很快地坐在家里收到网购的商品。

尤其在2012年,《舌尖上的中国》播出,掀起了人们对原产地农产品、原生态美食的热情关注。

于是,人们愈来愈青睐原产地产品。

关于原产地的文案又可以分为几个角度:①生态环境;②历史故事;③产业发展;④与产品相关的人。

在这几个角度中,**传播效果最好的文案角度依次是生态环境、与产品相关的人和历史故事。**

原因是,首先受众越来越关注产品本身的品质,而原产地的生态环境成为衡量产品品质的重要标准之一。

其次是情感因素。看能不能发掘到足够打动受众的人和事。"褚橙"是非常成功的一起案例。

冰糖橙,是甜橙的一种,以味甜皮薄著称,湖南栽培较多,四川、重庆、贵州、云南、两广有少量栽培。

2012年,由喻华峰等媒体人创办的本来生活网,将产自云南的冰糖橙与一位老人联系了起来。这位老人是时年85岁的昔日"烟草大王"褚时健。褚时健曾因经济违纪入狱,直到2002年回到哀牢山开始创业,种橙子。

2012年10月27日,本来生活网推出文案《褚橙进京》,描述了85岁褚时健汗衫上的泥点、嫁接电商、新农业模式……文章在其官方微博上被转发7 000多次。转发的人包括王石,他说:"衡量一个人的成功标志,不是看他登到顶峰的高度,而是看他跌到低谷的反弹力。"2012年11月5日,本来生活网正式发售褚橙,前5分钟800箱被抢购,当天共卖出1 500箱。接下来的一个多月里,本来生活网实现销售100吨褚橙。

在后来历年的"褚橙"产品文案中,有这样的表述:

"昔日'中国烟草大王'褚时健75岁再创业,辛苦10年种出来的冰糖橙,甜中微微泛着酸,像极了人生的味道。因他而得名的'褚橙',以其优质口感和蕴含的励志故事,享誉大江南北,成为中国知名的水果品牌。

'品褚橙，任平生'成为贴在'褚橙'上的励志标签。如今，每到年底，很多市民都在想念这种带着励志精神的'中国甜'。"

"褚橙"之后，虽然也有"柳桃""潘苹果"等，但都没能达到"褚橙"的效果。

最后是历史故事。历史故事这个角度的排位比"与产品相关的人"要低一些，因为历史故事通常是用来包装产品的"高贵血统"的。掰着指头算一算，历朝历代里，中国的"贡品"着实不少，所以血统因素也就打了一些折扣。

2. 品牌缘起的故事

我们去一些老字号餐馆吃饭，时常可以看到墙上的故事，讲产品或者品牌的缘起。

任何一个产品或品牌的缘起都会有一段特殊的情感故事，甚至连带着时代的烙印。讲好品牌缘起的故事是产品和企业文化传播的重要一步。

例如，某酒庄产品中有一个波特酒系列，它是这样讲自己的产品品牌缘起的故事：

"1941年，一个叫赫尔曼的德裔年轻人怀揣着成为优秀酿酒师的梦想辗转来到澳大利亚。4年后，途径北帕拉河河畔时，赫尔曼认为自己遇到了梦想中的乌托邦之地，于是买下了土地，穷其一生来追寻并实践他的葡萄酒梦想。

具有浪漫情怀的赫尔曼对当地荷巴特家的女儿一见钟情，年轻能干的小伙儿就凭着对葡萄酒产业的痴爱与专注打动了美丽的荷巴特小姐，并将酒庄命名为'雅达若'，意思是闪闪动人的，以此比拟贤淑聪慧的荷巴特小姐。

雅达若酒庄的主要产品是波特酒。

波特酒是普通酒中的另类。它与橡木桶，一如赫尔曼与妻子间的爱恋，总有分不开的情缘。波特酒在装瓶以前，需要在老橡木桶中进行熟化，这个熟化的过程与时间的长短，决定了波特酒的不同风格。"

文案意在将雅达若波特酒与品牌创始人的爱情连接起来，向受众传递的，是举起酒杯时，心中徐徐升起的那份爱恋情怀。

3. 产品理念的故事

苹果手机正面为什么只有一个 Home 键，并放弃按键键盘？

原来，苹果公司的创始人乔布斯是一位简洁哲学理念的崇尚者。在满世界还是按键手机的时候，他认为，苹果手机只需要 Home 键、音量键和电源键。如果按键太多，就会影响手机的操作，同时还会影响美观。

在另一个成功者的故事里，1999 年，马云从北京回到杭州再创业。他的目标非常明确，要建立一家 B2B（企业对企业）公司，理念就是"让天下没有难做的生意"。

而慕思床垫的理念是"让人们睡得更好"。

哈根达斯则全力营造一种生活方式。它用昂贵的价格与高雅的环境，传递出的理念是——高消费和高品位。对于那些"小资"而言，吃哈根达斯可能并不只是一饱口福，更意味着一种生活品位。

其实，与同类产品相比较，每个成功的产品呈现给我们的特点都会有所区别。这源于每个产品的设计理念、营销理念以及产品力图表达的生活理念等各不相同。

对于产品理念的故事，我们不仅可以发掘产品理念诞生的故事，更可以诠释产品理念与消费者之间的故事。

诠释产品理念的文案可以使受众更加详细、立体地了解产品，增加认同感。

例如，在沃尔特·艾萨克森著的《史蒂夫·乔布斯传》中，对于苹果手机为何放弃按键键盘有几段描述：

"（在多点触摸屏手机的研发过程中）考虑到黑莓手机的流行，几位团队成员主张配备键盘，但乔布斯否定了这种想法。物理键盘会占用屏幕空间，而且不如触摸屏键盘灵活、适应性强。'物理键盘似乎是个简单的解决方案，但是会有局限，'乔布斯说道，'如果我们能用软件把键盘放在屏幕上，那你想想，我们能在这个基础上做多少创新。赌一把吧，我们会找到可行的方法。'最后，产品出来了,如果你想拨号,屏幕会显示数字键盘;想写东西,调出打字键盘。每种特定的活动都有对应的按钮可以满足需求。当用户观赏视频时,这些键盘都会消失。软件取代硬件,使得界面流畅而灵活。

乔布斯花了半年时间协助完善屏幕显示。

会议一个接一个,乔布斯参与到每个细节的讨论之中,团队成员们成功想出简化手机其他复杂功能的方法。他们添加了一个大指示条,用户可以选择保持通话或进行电话会议;找到了一种浏览电子邮件的简单方法;创造了能够横向滚动的图标,用户可以选择启动不同的应用程序。这些改进使得手机更加易于使用,因为用户可以直观地在屏幕上进行操作,而无须使用物理键盘。"

看,这些文字是不是正好反映出乔布斯"大道至简"的产品理念?让人知道乔布斯和团队在产品研发时是怎么想、怎么做的,一下子增加了对产品的认同。

4. 品牌演进的故事

品牌的演进一般都会经历 5 个阶段:初创期、培育期、成长期、成熟期、衰退期。

每个品牌在每个阶段都会有不一样的精彩故事。

我们来看看可口可乐仅于 2018 年在官网发布的品牌动向文案标题(不包括技术创新、市场营销等方面的文案):

> 大力神杯来袭!你准备好了吗?
> 新春迎惊喜2018 就要"年"在一起!
> 揭秘 那些年出现在荧幕上的可口可乐
> 可口可乐给你点颜色 为 2018 世界杯蓄力
> 有颜有内涵,"网绿"汽水重磅来袭!
> 可口可乐联合神秘"黑科技"Pick 属于你的"城"
> "佛系"人生,测测你是哪杯茶?
> 世界杯来啦!可口可乐解锁"打 call"新姿势

持续爆冷的世界杯，一起保持热血不凉凉！

你的特别之处，我们永远在乎

可口可乐陪你"乐"动一夏

畅饮无负担，万众期待的"网红"汽水轻盈登陆中国！

双十一，一份"够有爱"的甜蜜攻略

感恩有你，熊抱一个！

一份特殊的外卖

可口可乐史上第一位首席数字官！25%支出将花在数字领域，还解密线上"冲动购买"

Freestyle不要停，年轻人们skr起来！

历史上的今天，四十年的中国记忆

有你，有爱，才是圣诞

一篇一篇的文案，想不到像可口可乐这样的世界品牌也是如此勤奋吧？一年，在品牌的演进历程中甚至可以忽略不计，但可口可乐仍在讲述着一个个精彩的故事。例如，它和春节的故事、和世界杯的故事、和电视节目的故事、和夏天的故事、和圣诞节的故事，甚至是和"双十一"的故事……

这些都是可口可乐品牌成熟期的故事，记录着它的一场场品牌营销活动。

5. 产品消费的故事

产品消费的故事是指以消费者为主角的故事。

一个女孩子去买衣服，在犹豫不决的时候，销售员会给她讲故事："这件外套非常适合你，显得秀气，还提肤色。我表妹在CBD那里上班，和你长得非常像，身材、气质也像。上周她就从这里买了一件，头发披开穿上，她男朋友看过都惊了。"

销售员贩卖的就是最常见的产品消费的故事。

这类文案可以令受众很容易进入应用场景，将自己设想成主角，从而推测使用的效果。

早些年的时候，有相当长一段时间，许多媒体集中发布利用淘宝创业的故事。其实，这多数是淘宝的文案。

对阿里巴巴来说，淘宝网是一个产品，它希望获得更多的用户，即淘宝店铺店主，来使用。这些店主的创业故事正是他们应用淘宝网这个产品的故事。其他想致富的人看到了，会想"那么多人利用淘宝网卖东西赚到钱了，我也要去开个店"，故事传播的目的也就达到了。

讲产品消费故事的时候，把你的产品品牌弱化一些，让它不经意地出现在故事场景中，并和故事情节紧密结合起来，让人能够注意到却又不显突兀，效果往往会更好。

6. 创意搞笑的故事

不要小看"创意搞笑"的故事，因为它往往是最易于传播的。

例如有一篇叫《神啊，救救我老公》的文案。

一男子被压在了巨石下，生命危在旦夕。他的妻子伤心欲绝地祈祷："神啊，我没有求过您，这次求求您了！"

神果然显灵了，从天而降，说："我可以满足你的一个愿望。说吧，你有什么愿望？"

男子开心地自言自语："有救了……"

他的妻子殷切地望着神说："我想让肌肤年龄重回16岁。"

全场愣神，然后跳出了——某化妆品的广告。

脑筋急转弯式的创意搞笑故事不易于直接转化为销售，但对产品品牌传播比较有效。

6.2.2　一个吸引人的故事应该具备的必要条件

通常说，讲一个故事，要讲何时、何地、何人、何故做了何事。

但对于讲一个吸引人的产品品牌故事来说，一定要有几个完备的元素，即有核心的人物形象，有完整的事件发展过程，有激烈的矛盾冲突。

我们依托北京青年报记者2012年专访褚时健的报道《褚橙是怎样种成的》中的信息，作为示例进行分析。

1. 核心人物

核心人物，也是故事的主角。他可以是品牌创始人、设计师，也可以是消费者，甚至是拟人化的产品品牌自身。

这个核心人物一定要有一段特别的经历，这个经历能够成为他与产品发生关系的铺垫。

以"褚橙"的品牌创办人褚时健为例。他于75岁开始再次创业之前，有着很不寻常的人生经历：使地方糖厂扭亏为盈、中国烟草大王、坐过牢，可谓从人生的巅峰跌落到谷底。

正是因为有了这样的背景，作为一位老人，他再次创业并且崛起，才会更有励志的效果。

2. 完整的事件

对于褚橙这个故事，完整的事件是这样的：

2002年，经历牢狱之灾获准保外就医的褚时健，举债1 000多万元，在云南省哀牢山上承包了两个相邻的山头，建起了一个2 400亩的冰糖橙园。

冰糖橙从栽苗到挂果要5～6年时间，那些年，褚时健和老伴就住在窝棚里。橙园里每遇到点问题都会令褚时健寝食难安。

还好的是十年过去，苦尽甘来，2012年产量已经能够达到1万吨，孙女也能够帮他打理橙园。他借的1 000多万元债已经还清，并开始修建大型冷库，投资四五千万元，建成之后能储存5 000吨橙子。

简单说，就是一位年迈体弱的老人从75岁开始，借了上千万元带着老伴种橙子。10年后，他终于成功了。

在这里，种橙子的事件就是主线，写作中围绕主线填补细节，无关的枝枝蔓蔓则可以略掉。

完整的事件要有结果，只要能够引起受众的共鸣，哪怕是阶段性的结果，甚至是不好的结果，也是可以的。否则，将不仅是文案情节上的缺陷，感染力也会大打折扣。

3. 矛盾冲突与解决

冲突是故事的看点所在。越是激烈的冲突和碰撞越能够将受众带入场景。

褚时健75岁创业，这已经是这个故事与大多数人正常认知的一次冲突。根据《光明日报》的报道，即使到2010年，我国男性人口平均寿命也才72.38岁。75岁，应该选择颐养天年了，他却选择了创业。

另外两次矛盾冲突出现在种植橙子的过程中。

一次是，果园开始陆续挂果，眼看着等了几年的橙子终于沉甸甸地挂在了枝头，不料收获在即，却遭遇横祸，果子不停地掉，一点办法也没有，加起来有上百吨。技术员也弄不明白怎么回事，褚时健寝食难安，夜里查资料，白天在地头商量对策。

还有一次是，橙子不掉了，但口味却不好，淡而无味，既不甜也不酸，褚老夫妇尝了愁坏了，组织技术人员研究了几天都找不到原因。晚上躺在床上，褚时健睡不着，深夜12点爬起来看书，经常弄到夜里三四点。"不把问题解决了，没法向那些借钱的朋友交代啊！"

通过这样的矛盾冲突，让受众了解老人种植橙子的不容易，更能体会老人砥砺奋进的创业精神。

根据这个示例可以发现，核心人物形象是故事的推动者，完整的事件发展过程是故事的必备条件，而激烈的矛盾冲突是故事的看点。一个故事能否足够吸引人，在于对核心人物形象的塑造是否成功，对事件发展讲述得是否有条理、有感染力，对矛盾冲突处理得是否鲜明、有代入感。

6.2.3 做好与产品的自然接入

讲故事的目的当然是为了传播推广甚至引导购买产品。设计好了故事，怎样把产品接进去呢？通常用到的接入方法主要有三种，分别是刚性连接、柔性连接和预留接口。

1. 刚性连接

文案与产品的刚性连接，是指直接围绕产品展开写作，例如，对于品牌缘起、产品理念、品牌演进类型的故事，产品和品牌本身就是故事的核心元素。

即故事里面的主角，包括品牌创始人、产品设计师等，如何"表演"，都是围绕产品品牌展开的，为它们添加光环，唤起受众的认知和关注。

在这种情况下，该提产品提产品，该讲品牌讲品牌，无须顾及。

创意搞笑故事更是这样。

相声里有个术语，叫"抖包袱"，指把之前设置的悬念揭出来，或者把之前铺垫酝酿好的笑料关键部分说出来，比如笑话，最后一句可笑的点睛之笔，就叫包袱。

创意搞笑故事的包袱或者紧跟着包袱露出的，就应该是你的产品品牌。

2. 柔性连接

柔性连接讲究的是"润物细无声"。

在文案中合适的地方不经意一般提出产品品牌，然后让受众自己去感受到其中的魅力。

在原产地的故事和产品消费的故事中适合使用这种手法。

例如：

"阿尔卑斯山下的莱芒湖宛若一块圆弧形绿宝石，那一头，是伏尔泰、拜伦等名人驻足流连的瑞士小镇洛桑；这一头，是法国前总统希拉克的最爱、以水成名的度假地依云。

Evian（依云）在拉丁语中就是'水'的意思。来到这里，你会发现，围绕着依云镇展开的都是水的主题。世界上著名的依云矿泉水就产自这里。背后那雄伟的阿尔卑斯山是依云水的源头，高山融雪和山地雨水在山脉腹地经过长达15年的天然过滤和冰川砂层的矿化就形成了依云水。镇上现代化的水厂将珍贵的依云水接进来，不经过任何人工处理就可以直接灌接入瓶。

在镇上，关于水的第二个传奇是SPA。世界上有三大著名的中低温地热田，匈牙利、俄罗斯、法国各占其一。法国拥有的温泉数占欧洲的五分之一，而法国人最引以为豪的则是他们的医疗温泉，依云、薇姿都是其中的代表。依云温泉是世界上唯一的天然等渗温泉……"

这篇文案可以写成优美的游记故事，里面虽然植入了依云矿泉水的产品品牌，却并不令人感到突兀，反而令人一直感慨于小镇的美丽。

3. 预留接口

预留接口的方法主要用于铺垫性的原产地故事或者产品消费故事。

讲故事的时候，重点在渲染产品的价值或者有意营造客户对某方面产品的需求，却不推荐产品的品牌。

这样做的原因，或是为了培育此类产品的用户市场，或是因为感觉直接植入品牌过于生硬，容易使受众从故事情节中跳出。

对于这种文案，可以在故事讲完后，专门添加产品品牌推荐模块，也可以在互动时推荐产品品牌。

例如，一篇写普洱茶的文案，作者讲自己钟爱古树普洱，并且喝了十几年。偶然的机会，自己的"古树普洱"受到了茶友的质疑，于是便选择旅游的机会，专程南下云南，走进大山，探访普洱产地。文案通过作者探访期间遇到的几件有趣故事，讲了喝普洱茶的好处以及识别普洱茶的方法，自始至终并没有提及任何一个普洱茶的品牌。

其实，这就是一篇可以传播普洱茶产品的文案，受众只要对普洱茶有了兴趣，接下来就已经不在意你销售的具体是什么品牌。

再有一种情况，就是文案发布在自有产品品牌的自媒体账号下。虽然文案中不提及品牌，但受众只要被故事打动，需要选择产品时，自然就会成为你的客户。

6.3 建立"标准化"的故事框架

你相信电脑会写故事吗?

英国作家乔治·奥威尔于 1949 年出版的小说《1984》中提到,穷人阅读的书都是由机器写成的,不过书中也提到,机器写的书是比不上人类的。

1984 年,乔治·奥威尔的这一"预言"没有出现。

但据参考消息网报道,2008 年,首部由电脑程序创作的小说 *True Love*(真爱)由俄罗斯圣彼得堡出版公司公开出版。它是由一款经一群 IT 专家开发的电脑程序创作而成的。这部长达 320 页的小说改编自俄罗斯文豪列夫·托尔斯泰的名著《安娜·卡列尼娜》,但使用的却是日本作家村上春树的写作风格。同年,这部小说开始上架销售。

小说写得有模有样,让我们看看其中摘录的一段:

"基蒂久久无法入眠。她的神经绷得紧紧的,就像拉紧的弦一样。弗龙斯基给她喝了一杯温热的酒,结果也无济于事。她躺在床上,满脑子都是草原上发生的那可怕的一幕。"

2013 年是人工智能小说获得长足发展的一年。麻省理工学院的数字媒体教授尼克·蒙特福特(Nick Montfort)使用自己编写的程序代码创作的小说 *World Clock*(世界时钟),成为当年"最具有突破性的热门作品"。该书后来由 Havard Book Store(哈佛书店)出版。

暂且不讨论是不是有一天人工智能可以帮我们撰写故事型产品传播文案,我要说的是,写故事的确是有"套路"的,电脑程序都能够完成,对于文案创作者来说,也完全是有规律可循的。

故事框架往往是这样的,如图 6-1 所示。

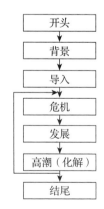

图 6-1 故事型文案框架图

为了阅读效果，有时候顺序可能会调整，例如将结尾前提，或者将背景揉到某些环节里。也可能为了故事的需要，某两个或多个环节反复交替出现，如危机出现、发展、化解，新的危机再出现、再发展、再化解。

不过，整体框架中的这几部分是讲好故事需要具备的基本元素，应该收集齐全并梳理清楚。

6.3.1 开头：吸引人读下去

对传播文案来说，标题是第一重要的，但打开文章之后，开头就变成了第一重要的。除了标题的吸引力的"余威"，开头在很大程度上决定了受众的阅读深度。

故事型文案好的开头有以下几种形式：

1. 设置悬念法

设置悬念法就是在文案开头的时候设置一个疑问或者直接写出令人意外或震惊的结果，使受众急切地想知道疑问的答案，或者形成这一结果的原因。

这是使用比较多的一种方法。

例如下面这个开头：

3月5日，福布斯网站公布了2019年全球亿万富豪榜。

张一鸣这次力压黄峥，成为中国"80后"白手起家富豪第一人。

他的财富，是162亿美元，按当前汇率，折合人民币1 090亿元。

排在张一鸣前面的6个人是：腾讯马化腾、阿里巴巴马云、恒大许家印、万达王健林、碧桂园杨惠妍、美的何享健。

除了杨惠妍是代替其父杨国强上榜以外，其他5位都是叱咤风云多年的前辈。

4月16日，《时代》杂志公布了2019年全球100位最有影响力的人。

张一鸣位列其中。

其他上榜的内地人物还有华为创始人任正非、国家航天局长张克俭、做基因编辑婴儿的贺健奎等。

《时代》对他的评语是（由李开复撰写）：

"根据许多量化指标，张一鸣是世界顶级企业家……他是一位了不起的领袖。"

（By many quantitative metrics, Zhang Yiming is the top entrepreneur in the world……he's an impressive leader）

张一鸣，来自福建省龙岩市永定县，是今日头条和抖音的老板。

出生于1983年，刚满36岁的他，凭什么这么牛？

这篇文案摘自"何加盐"公众号，开篇讲了那么多，其实要传递的信息只有一个——"张一鸣非常牛！"接着设问："出生于1983年，刚满36岁的他，凭什么这么牛？"

读者看到这里，也会自然而然地产生疑问——"是啊，他凭什么这么牛呢？"这就是成功设置了一个悬念。要得到答案，就需要赶快阅读下去。

2. 矛盾冲突法

这种方法就是把故事中即将讲述的矛盾冲突提取出来，直接放在文案的开头，一下吸引受众的注意力。

例如这个开头：

凭借一碗普通的藕汤逆转人生的王红卫，从来没有想到过自己会有那么不顺的几年。

先是夫妻双双下了岗，家里的钱捉襟见肘。于是创业开了一家鱼类加工厂，但短短两年过后公司竟负债160多万元，濒临倒闭。他决定变换产品。但等开发出了味道正宗的藕汤产品，公司累积负债200多万，藕汤罐头成为最后的救命稻草。然而事与愿违，命运再次开了个玩笑——顾客根本不买账，藕汤罐头积压了100多万元！

夫妻下岗，创办的加工厂两年后负债160多万元濒临倒闭，开发新产品累积负债200多万元，顾客不买账产品积压100多万元……

这篇文案摘编自"创业新榜样"公众号，开头采用了欲扬先抑的写法，将命运的矛盾冲突先交代出来，吸引受众深入阅读，去探寻主人公最终走出困境的方法。

3. 戳中痛点法

看这篇文案的受众的痛点会在哪里？如果第一段就戳中了这个痛点，告诉他接下来的故事将展示给他解决这个痛点的方法，他会不会很有耐心地阅读下去？

这种开头的方法就是戳中痛点法。如下面这个开头：

如何才能提高店铺销量，实现日出千单？

恐怕这是许多电商卖家想知道的。

这也是曾经困扰我很久的问题，因为我一直只能算是电商小白，每天最多只有几单。后来，经过四处求教，开始尝试使用关键字广告打出爆款，带动店铺整体流量，近期，我的店铺终于实现了日出千单的目标！

今天我就用自己真实的经历，向各位客官讲一讲我是如何用关键字广告来打造爆款的。

这段文字来自互联网上的某"卖家自述"，一上来就提出"如何才能提高店铺销量，实现日出千单？"

这个开场白一下就戳中了许多电商卖家的痛点。而文案自述者说，自己刚刚从一个"电商小白"到实现了日出千单的目标，想给大家讲讲自己的经历。对经营电商的受众来说，是不是非常吸引人？

4. 引发共鸣法

引发共鸣法，就是通过营造一种氛围或者传递一种理念，再或者描绘出故事主人公所处的困境，使受众从内心深处产生情感的共鸣的开篇方法。如下面这个开头：

江汉路鲍师傅的人海长龙，从未停息过。

或许你能从这一口炙手可热的糕点中寻找到愉悦，但"第一口蛋糕滋味"的那种惊艳，却是再也难以寻觅到的味道。

长大后的我们，就算吃到与小时候一模一样的食物，咀嚼之间，口腔里似乎也没有儿时的味道回荡了，这同样也是一个千古难题。

到底是我们的口味变了，还是食物变了？

这个开头来自自媒体"GO斑马"的一篇美食故事的文案，"找不到儿时的味道"能引起一大群"吃货"的共鸣。

在文案下面的留言中，大家对文中提到的美食也是大加赞赏者有之，评头论足者有之，但更多的则在纷纷追忆自己对儿时美食的记忆，可见这个"开场白"的魅力。

6.3.2 背景：做好铺垫

故事型文案的背景不会像小说背景那么宏大，但它对事件的发展推进也起着铺垫的作用。

文案一般不会太长，所以背景的交代往往也会比较简洁，主要是指对故事中人物、事件起影响作用的环境因素或者之前发生的关联事件。

例如讲马云创办阿里巴巴，我们往往会先提马云从杭州师范大学英语专业毕业，被分配到杭州电子工业学院当老师，后来成立了海博翻译社。1995年年初，他因为一项翻译工作前往美国，所见所闻坚定了他互联网创业的信心。于是，他创办了"中国黄页"。1997年，他等到外经贸部进京成立中国国际电子商务中心的邀请，带领团队开发了外经贸部官网、网上中国商品交易市场、网上中国技术出口交易会等一系列网站。

我们还会提到互联网是在1995年下半年才在中国开通，比马云的互联网公司成立还要晚三四个月……

交代了这些，再讲马云创办阿里巴巴的故事，受众才更容易理解马云在某个时期为什么会这样做，为什么会那样想，知道当他要去做这件事的时候已经有了什么样的资源，也可以知道他后来的判断和理念是怎样一步步形成的。

而有时候，背景的交代是被打碎了，揉到故事的发展之中。例如有个讲述"小猪短租"的故事㊀，我们看看它的背景交代方法：

因为移动互联网的连接，陈驰看到了"去中心化"的全球趋势，萌生了创业的想法。2012 年，在房屋和车的分享领域的发展趋势苗头初显。在住房方面，Airbnb（爱彼迎）把闲置的房源和个人时间通过平台分享出去，还有 Uber（优步）在出行方面的成就。这些变革让每个人都可以参与到产业链中，从创业的角度而言，这是一个颠覆性的机会。但要在中国做成这些，还需要信用体系的背书。

2012 年，我国实名制逐渐规范，新的信用体系逐渐形成，通过移动互联网打造一个以实名制为依托的闭环成为可能。陈驰觉得机会来了。

这是时代的背景，是通过比较传统的形式来写的。

而对于陈驰个人的背景，则是放在了另一处讲述他遇到困境的一句话里：

"刚从蚂蚁出来做小猪的时候，陈驰有过半年的时间不知道该怎么去做……"

用"刚从蚂蚁出来"几个字，点明了陈驰之前曾在"蚂蚁短租"就职。

6.3.3 导入：事件起因

导入部分通常用来阐述做某个产品或者品牌的缘由，即整个故事的起因。这个起因可能是一个小故事。

例如：

2013 年 9 月的一天，正在逛街的任牧接到陈文的一条微信，说他有了一个创意——"做个半成品净菜电商，解决忙碌的北漂和上班族的吃饭问题。"解决吃饭问题？任牧马上兴奋起来。于是，两人开始隔空头脑风暴，街没逛好，

㊀ 原文链接 http://www.newbelink.com/article/15701.html

做净菜电商的思路倒是越来越清晰。

他们发现，在北京有太多的人和自己一样为着吃饭发愁。每天带着满身疲惫下班回到家已经很晚，菜市场早早关了门，如果想做饭就要去超市买菜、排队、付钱，然后回家择菜、洗菜、切菜、做饭，一个小时能吃上饭都是快的，费时又劳累。对于单身的北漂来说，这更是一个苦差事。

酝酿一个多月后，在同学聚会时，陈文又讲起这个创意，大家一致叫好，正在一家教育咨询公司上班的黄炽威更是选择积极加入创业团队。说干就干，11月，3个小伙子分别从公司辞了职。

也可能是一个念头，例如小猪短租的故事：

"短租市场在我们进入之前有不同的模式，之前标准的短租市场提供的是酒店式的公寓和类酒店服务。而蚂蚁短租主要依托于酒店式服务和公寓O2O，把线下的搬到线上来。小猪是平台模式＋P2P模式，未来几年中，会有更多的短租平台转向这种模式。"陈驰告诉连接网。

6.3.4　危机＋发展＋高潮：找到解决方案

危机出现、事态发展、到达高潮（化解危机）在故事框架中是三部分，这里放在一起来讲，是因为在许多故事里，这三部分可能会出现一次，也可能会循环出现多次。

如果循环出现多次的话，建议将每部分写成一个模块，交代完一个再交代另一个，这样写作思路会比较清晰，文案也会比较有条理。当然，如果它们之间有交叉，也可以放在一起。不过对文案创作者的思路梳理要求会高一些，以其中对整个故事影响最大的那个危机为主线，重点来写，然后将与其交叉的其他危机在合适的位置进行较为简洁的交代。

例如，在小猪短租的故事中提到了四次"危机"，文案作者将其分成4个独立模块进行了交代。

危机 1

员工流失。因为运营模式改变，曾经优秀的线下团队在这方面毫无经验，仿佛被困住了手脚。所以在长达半年的时间里，陈驰和他的团队不得其门而入，以前的经验变成了负担，产生了自我怀疑。

发展

找不到方法的陈驰和团队们开始发动亲戚、朋友做房东，进行宣讲。

化解

直到员工自己也开始做房东之后，陈驰心里变得笃定了。创业初期小猪的团队不到70人，四年后，这些人还有一半留在了小猪。

危机 2

没有房东和房客的双重困局。

发展

小猪的管理层和大部分员工亲自上阵做房东，他们还发动了亲戚、朋友来做。除了这些"平台自带房东"之外，剩下的房东们被陈驰称为"早期吃螃蟹的人"。为了留住这些房东，陈驰和他的员工帮房东做过软装、打扫卫生，还帮房主做接待等。

化解

第二年，市场发生变化，"早期吃螃蟹的人"开始有了一些追随者。用户发现在小猪上可以找到一些很有意思的房子，还要比酒店性价比高。小猪的推广难度随之降低。

滴滴和优步在分享经济教育上起了很好的示范作用。2014年，市场发生了很大变化，更多的房屋和城市愿意加入共享。小猪平台上的房源质量变得更好。

小猪信用体系的闭环打通，芝麻信用体系引入进平台，成为信用背书的依托。

危机3

母亲反对。觉得这个想法极不现实。

发展

陈驰将母亲的房子放到了平台上招租，房客是一位来自河南的中医，他为陈母和家人看病问诊，让她觉得很神奇，很有意思。

化解

一个月后，陈母接受了这件事。但老人仍有保留意见："你跨越了这个障碍是因为我是你妈妈，你强行说服了我。其他人未必很容易接受这件事。"

危机4

B轮融资生死危机。签约的资本没有如时到账，公司的资金链即将断裂。

发展

作为带队人的陈驰有了一天的慌乱，但也只有一天。之后陈驰决定一切按部就班，工资、年终奖照发，该做的工作一项不落，继续见不同的投资者。

化解

第二个月小猪又拿到了新的投资，此时，危机终于宣告解除。

在危机出现、事态发展、到达高潮（化解危机）部分的写作中，对一些细节把握越好，矛盾冲突越尖锐，往往才越有可读性。

虽然此处作为示例来剖析的只是一个讲述品牌演进的故事，但对于其他类型的文案也是如此。

在2.3.6小节中，我们曾经提到过一款叫作"青柠智能锁"的产品，他们通过研究竞品的差评发现产品隐患并进行了解决，这件事可以写成一篇产品理念故事，那我们应该怎样提炼出框架中"危机＋发展＋化解"的部分呢？

找到青柠智能锁的产品理念——"优雅、安全"。我们可以确认，这里的故事是能够诠释产品团队对"安全"的重视的。

第一步，围绕安全发现危机：

周建在逐条翻看竞品在电商平台上的用户评价时，突然发现了一条差评："当与门锁匹配的手机放在门后附近时，别人能够从外面直接将门打开！"

周建连忙组织同事测试自家的门锁。在经过上百次测试后，令他头冒冷汗的事情发生了——当匹配的手机放在门后某个特殊角度时，他们的门锁也被从外面触碰打开了！

第二步，发展，他们选择了怎么做：

推迟产品投放市场的日期，整个团队开始对青柠智能锁优化升级。

第三步，结果，就是危机的化解：

半年后，当其他厂商还在建议用户"不要将匹配的手机放在门后"时，青柠智能锁彻底解决了这一安全隐患。

提炼出来这几个关键的要素，然后将事情发生的细节填进去，故事的这个部分就讲得有条理且丰满了。青柠智能锁团队产品安全性至上的理念也就跃然纸上。

6.3.5 结尾：选择一种收尾方式

选择收尾的形式，取决于你想达到的目的。根据不同的目的，产品推广文案的结尾可以被赋予下面3个作用。

1）总结整篇文章，与前面的内容形成呼应；
2）引导受众参与互动，讨论、转发文案；
3）作为推荐产品的机会，将阅读转化为购买。

根据不同的作用，可以归纳为总结收尾法、引导互动法和引导购买法。

1. 总结收尾法

总结收尾法可以描绘愿景。例如，小猪短租的文案，使用了连接网与陈驰对话的形式，让他讲出对业界发展的看法和小猪下一步的战略布局。意在再次强化小猪品牌在受众头脑中的印象。

这种收尾法也可以用来表达观点，以激发受众的共鸣。例如S叔的《跪着的员工，挣不了大钱》结尾：

我写这篇文章的目的，就是想告诉大家，不要做职场里的"老好人"，也不要相信所谓的抬杠。

聪明人都懂，要以最优解为出发点，这个最优解里，公司利益是关键，自己利益也关键。

跪着的员工，挣不了大钱。

大家都是商量着把钱赚了；

这份商量的勇气，你一定要有。

还可以表达祝愿。如一篇讲银鹭的故事的文案结尾：

《知否》的高口碑与银鹭臻养粥的高品质形成了品牌IP捆绑合作意义上的高质量传播力，使这款新品迅速在市场上站稳了脚跟，并成了行业内品牌营销的一个标杆案例。其倡导的"轻养"生活方式，也必将引领高端粥品市场的主流，开辟出另一番消费天地。

2. 引导互动法

引导互动法最常见的是在结尾提出有关的问题，引导受众留言讨论，或者转发。

例如"创业新榜样"微信公众号中有一篇文案的结尾这样写道："如果您有问题想与将太无二创始人邢力交流，可在留言区留下问题，如果问题集中，我们会邀请邢力在线交流。"

而在今日头条，更多的文章结尾处会添加一句"对××××这个事件，你怎么看？欢迎在文后讲出你的看法。"今日头条上许多文后的留言非常精彩，有网友戏称"我是专门来看评论的"，从这句话可以看出，精彩的留言也可以为文案增添吸引力，甚至带来二次传播，所以在必要时以引导互动法结尾也是一个不错的选择。

再一种形式就是在结尾部分添加活动，例如进行有奖投票，甚至抽奖等活动鼓励互动。

3. 引导购买法

有些介绍产品故事的文案，在结尾处直接添加购买方法，其实也并不违和。这种方法常见于原产地故事、产品消费故事、创意搞笑故事类的产品文案。

因为你已经通过故事渲染让受众感觉产品好、适合自己，结果却无法下单，反倒会让受众觉得不舒服。

这种引导购买法往往转化效果显著。

不过要注意的是，在文案结尾处引导购买的一定是文案中重点介绍过的产品。如果和文案无关，这所谓的"购买推荐"就变成普通的广告，受众并不一定买账。

其次，购买方法最好直接、简单，例如直接下单或跳到下单页面。我们曾经做过测试，步骤每增加一步，都会对应着40%的消费用户衰减。

6.4　其他常用的带货文案架构法

前面重点讲述了故事型文案的架构方法。

相比较而言，故事型产品文案一般更容易打造成爆款文案，诀窍就是"1个好标题＋1个好故事"。

不过，除了故事型文案，常见的文案还有资讯型、服务型、观点型、销售型。

6.4.1　资讯型文案

资讯型文案是指针对特定用户群体提供的具有一定时效性的信息，包括但不限于新闻、公司及业界动态等。

资讯型文案也会讲述一些事件,但与故事型文案有所区别的是,它的着重点不在于渲染事件或品牌,而在于传递信息和事实本身。

在架构上,资讯型文案通常会采用先概述再分述或者按顺序介绍的架构方法。

即依据事实的重要程度和受众的关心程度,把最重要的信息写在前面,然后再展开介绍整个事件的来龙去脉,提供细节性的信息。如图6-2所示。

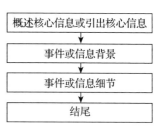

图6-2 资讯型文案框架图

1. 概述核心信息或引出核心信息

这是两种开头形式。

一种是开门见山,直接对要传递的核心信息进行概括,用一段话甚至是一句话交代清楚;另一种是先进行一段特定场景的描写或者抛出某个令受众好奇或深思的问题,进而引出要传递的核心信息。

例如下面的开头示例。

示例1

"起居拥挤的小户型救星来了!近日,宜家发布一款家具,看上去它是一组柜子和床,但实际上可以自动收纳变形,节省了足足8平方米的空间。"

示例2

"李睿纠结地环顾着自己的一居室,50平方米的空间被一组衣柜、一张床和一张电脑桌占去了大半。最终,她打消了在家里接待从外地来北京的3位密友的想法。

不过,李睿的纠结不久将能够得到有效解决。宜家最新发布了一款家具,可以将床和衣柜进行自动收纳变形,为一些小户型居室节省出足足8平方米的空间!"

可以看出,资讯型文案的特点,一是比较重视在开头部分的核心信息传递,而且一目了然;二是所传递的信息通常具有时效性,寻求一个和"现在"较近的时间点切入。

2. 事件或信息背景

资讯型文案的第二部分通常会交代事件发生或者信息产生的背景。

例如在上面的示例中，接下来可以介绍这套家具是由哪个团队设计的，当时发现了用户的什么痛点，历时多久，怎么研发出了这款产品等。

如果是新品发布会，在这部分也可以对现场作一些描写或者引述发布者的概括性介绍等。

如果是写人物访谈，可以交代他的个人背景或者与产品的关系。

而对原产地探访，则可以介绍地理位置、周边环境或者前往途中的小插曲等。

这部分的作用是让受众对事件或信息出现的背景有一个相对立体的了解，为产品价值起到烘托作用。

通常这部分内容不宜过长。

3. 事件或信息细节

事件或信息细节是资讯型文案的重要部分。它要将类似新闻导语的开头部分进行展开介绍或详细阐述。

尤其当你想突出一款产品的"高大上"时，对细节化信息的传递更为重要。

在这部分，内容应该围绕产品的创新点、独特性、实用性、易用性来写作，使受众能够尽量多地获取有用信息。

为了使受众更易于理解，介绍的内容中可以和自己之前的产品或者行业内的竞品进行比较，但一定要注意表述，不要有贬低同行的言行。

4. 结尾

资讯型文案的结尾通常会对事件和信息进行归纳、延展或补充。

例如，在一篇曝光上汽大众新车型的资讯中，结尾是这样的：

"上汽大众今后的方向就是把旗下的车型做得更加精品化，在这样的造车思路下，更有品位的 Polo Plus 无疑是更能打动消费者的选择。如果你对 TA 感兴趣，那就一起来期待 6.18 日的价格发布吧！"

对产品介绍之后，归纳了上汽大众的"造车思路"，并进一步提示"一起来期待 6.18 日的价格发布"。

6.4.2 服务型文案

服务型文案是指提供实用信息、常识技巧、传播新知或技能的文案。

在健康养生、教育、时尚、育儿、居家、科普等领域中，最常使用这种文案类型。

在架构上，服务型文案往往也是最简洁明了的。如图 6-3 所示。

例如，一篇名为《不得不说，这些 ppt 动画也太酷了吧！手把手教你搞定》的文案很有代表性：

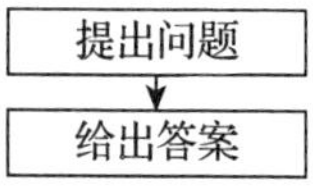

```
提出问题
给出答案
```

图 6-3 服务型文案框架图

"最近一个月，帮客户做了很多的 PPT 发布会项目，也见到了一些国内外顶尖的 PPT 作品，尤其是里面的动画设计，不得不服，堪称 AE 级别。

所以，这篇文章，就来给各位挑其中几个操作简单，但非常实用的 PPT 动效，争取让每一个人看完之后，都能做出来。

动效 1：背景位移动画……"

是不是很简洁？这就是"提出问题"+"给出答案"的标准写法。

有的服务型文案甚至连"提出问题"环节都省掉，开门见山，呼应标题，直接讲"干货"，给出受众关心的解决方法。

例如，《夏季减肥的 5 个使用技巧》这篇文案的开篇就讲一二三四五，讲完，文案也就结束了。

因为不需要绞尽脑汁地写引人入胜的开头，也不需要刻意地打磨结尾，从这个意义上来说，服务型文案相对比较容易写。

但写好服务型文案的难点也突出。

它的难点体现在选题和标题拟定上。服务型文案的选题是不是吸引人、标题是不是抓眼球,直接决定了这篇文案的传播效果。

解决了这个难点,行文中罗列要素、写出干货,只要文案创作者具有一般的文字写作功底就基本够用了。

服务型文案写作需要注意的细节包括:

1)**注意扣紧标题**。因为大家就是奔着标题中提到的问题才点击进来阅读的,所以这类文案的跑题,通常会让受众感到更加深恶痛绝。

2)**注意正文的逻辑性和层次感**。服务型文案的逻辑性和层次感将更方便受众阅读,文案中除了以加粗的形式突出关键词外,通常还会使用序号、小标题等来体现。

而且层次分明也更利于突出文案的重点。

3)**注意每个问题一定要讲透彻**。服务型文案的目的是提供实用信息、常识技巧,传播新知或技能,做到讲透、教会非常重要。

6.4.3　观点型文案

观点型文案的写作目的往往是传递一种思想或理念,表达一种观点或看法。

这类文案包括"心灵鸡汤"、言论和行业观察等。

提到观点型文案,你是不是一下就想到了中学时候学到的"议论文"?结构分三大块:提出问题(引论)、分析问题(本论)、解决问题(结论)。

即开头提出中心论点,然后围绕中心论点,引用道理论据、事实论据等展开分析论证,最终得出综合性结论。

定位于产品传播的观点型文案并不需要像议论文那么严肃、严谨,其更侧重引起受众的共鸣。它较常采用的架构,如图6-4所示。

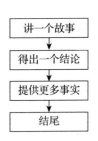

图6-4　观点型文案框架图

1. 讲一个故事

为什么我在6.2节和6.3节不遗余力地讲了那么多关于如何讲故事的内容?是因为故事对受众太具有吸引力和感染力。

所以，一篇好的观点型文案通常也会选择在开头卖力地讲一个故事。

尤其是心灵鸡汤类文案，更会把这个开头故事讲得荡气回肠、感人至深。

例如，在2019年6月16日父亲节当天，微信公众号"张先生说"推送的文案《关于父亲的一切批评，都是在秀恩爱》，在开头先讲了参加一位朋友婚礼的故事：

几年前，参加过朋友w小姐的婚礼。当天，w的爸爸格外引人瞩目，因为在这之前，这对新人的恋爱经历在小县城闹得沸沸扬扬：所有人都知道w有位爱财的爸爸，他问w的男友要了30万的彩礼。

这在小县城可是个天文数字，差点把一对恋人活活拆散。好在w的男友很争气，借遍了所有亲友，凑够了30万。婚礼前夜，w还在我们面前放狠话：我爸爸不是在嫁女儿，他是在卖女儿。明天就要出嫁了，我很开心，终于有了属于自己的家。

婚礼上，w挽着爸爸出场，所有人都能看出一丝别扭和疏离，很多人在指指点点，等着新娘爸爸发言致辞，看他能说出什么"言不由衷"的话。

在主持人的引导下。w的爸爸再次走向舞台，他颤巍巍地从衣兜里掏出一张银行卡，接下来的发言，让所有人大跌眼镜。

他说：你们都知道我很爱财，但我要告诉大家，我更爱我女儿。我这里有一张卡，里面有80万，其中30万是女婿给的彩礼，50万是我这些年的积蓄。我只有这一个女儿，今天，我把这张卡送给两个孩子，他们要干事业，这点钱就当作他们的启动基金。恭喜我女儿的新婚之喜，也恭喜我的女婿，你在我这里通过了考验……

老父亲话没说完，台下已经哭成一片。因为，所有人都知道50万不是个小数目，它几乎是一个普通家庭的所有积蓄。后来，w小姐发了一条朋友圈：活了30年，还是不懂你，但我永远都不再怀疑你的爱，谢谢你，爸爸！

原文三个章节总计1 800余字，却先用接近600字来详细地讲述了这个"贪财爸爸"的故事，不吝用矛盾冲突法（爸爸向女儿的男友索要了30万元彩礼，差点把一对恋人拆散，惹得女儿都放出狠话）、设置悬念法（这位爸爸要做什么？他面对女儿将如何收场？），令人对新娘爸爸的情感由鄙夷到崇敬。

而对于言论和行业观察类别的文案来说，也通常会借用一个颇受关注的故事切入。

例如，公众号"广告营销界"的文案《可口可乐第一款罐装咖啡问世，"重口味"转型能否成功？》，便是以"可口可乐宣布即将推出即饮咖啡"的行业事件起笔。

2. 得出一个结论

观点型文案在开头讲故事的目的是引出作者的观点。

《关于父亲的一切批评，都是在秀恩爱》这篇文案分3个部分，作者在讲述了开头的故事后，写道："对我们来说，父爱是冷色系的。很多人需要等到自己当了父亲，才能看懂这冷色系里的明亮与厚重。也正是因为在冷色系的父爱中成长，"80后""90后"爸爸们完全颠覆了传统的父亲形象，他们如饥似渴地想要在孩子的世界里布满暖色。"

虽然对同一个故事每个人都会有自己的解读，但这里归纳的一定是作者最想分享的那个观点。

言论和行业观察类别的文案也会亮明观点或表露出倾向性，并在接下来的内容中加以佐证。例如，《可口可乐第一款罐装咖啡问世，"重口味"转型能否成功？》这篇文案通过分析后得出结论——越来越多的人已经把喝咖啡当作日常消费习惯，对咖啡的需求日益旺盛。尤其是口味纯正且省时又省力的罐装咖啡，近年来，咖啡饮品已经成为年轻人最喜爱的饮品之一，呈现出高销量、高利润的发展趋势。

3. 提供更多事实

议论文论据分为事实论据和道理论据，观点型文案偏爱事实论据，包括事件、数据等。

提供的更多事实，一定要围绕自己的观点，选择典型的、有代表性的事件和数据，注意提升内容的可读性。

《关于父亲的一切批评，都是在秀恩爱》这篇文案在第二部分提供更多事实时，讲了一位"80后"的爸爸，因为自己是从小在严格管教下长大的，所以对孩子是采用了"朋友式"教育法。然后在第三部分讲了自己对父爱的理解。

《可口可乐第一款罐装咖啡问世，"重口味"转型能否成功?》这篇文案是列举了在中国咖啡市场，每年的增长率为14%左右，高于全球市场2%的复合增长率，也超过了国内瓶装水市场10%左右的增长率。预计2023年中国人均咖啡消费量为10.8杯，咖啡市场规模为1 806亿元。不仅是农夫山泉，喜茶、奈雪、维他奶等都推出过咖啡产品。这些品牌纷纷进军咖啡领域，看中的正是咖啡消费市场的美好前景。

4. 结尾

观点型文案的结尾一般采用总结或提出希望。

《关于父亲的一切批评，都是在秀恩爱》这篇文案是这样结尾的："父亲节，恰逢京东'618'十六周年庆，全品类大促优惠。上京东，为父亲选一份礼物，告诉他：我懂你！"并提示点击"阅读原文"链接，可以领取"京东父亲节专场满199赠40元电影券"。

妥妥地将受众导流向电商平台。

《可口可乐第一款罐装咖啡问世，"重口味"转型能否成功?》这篇文案收尾于"中国的咖啡市场仍然处于待开发阶段，随着可口可乐、COSTA即饮咖啡的推出，国内咖啡市场竞争将更加激烈，激烈的竞争也会让市场对于产品的要求更高。企业也好，品牌也罢，都应该顺应时代的发展去调整自己的定位。"倒也契合公众号的营销定位。

6.4.4 销售型文案

销售型文案的目的非常明确，就是引导转化、购买。

所以，销售型文案更宜选择"短平快"的行文方式。

短是指文案不要太长，文字不要太多；平是指不要讲究文学写法，文字应该平直、简洁；快是指便于阅读，令受众可以快速领会重点，从而实现产品的快速变现。

销售型文案在架构上也应该以结果为导向，围绕引导转化、购买发力。如图 6-5 所示。

在这个架构中，"利益诱惑"和"彰显自我"都是不可舍弃的部分，不过，两者谁在前谁在后并不十分严格，顺序可以调换。

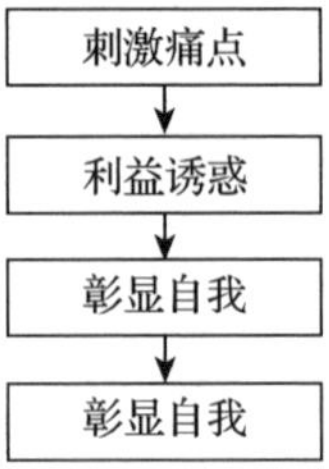

图 6-5　销售型文案框架图

1. 刺激痛点

产品都是针对用户的特定痛点、痒点或爽点推出的，所以销售型文案上来就应该直指受众的这些"点"，并进一步刺激，使他们一下产生兴趣，提起精神，产生对产品的主观需求。

例如护肤产品渲染夏季护肤的痛点；K12 教育产品强调暑假学习的重要性等。

我们来看看微信公众号"百师课堂"的文案《7 月、8 月不抓紧做这件事，孩子下学期又陪跑》，这是一篇课程销售文案，产品是"古文能力快速提升训练营"线上课程。

开头，它是这样触达家长痛点的：

"高考一分的差距，就拉开了几千人。2019 年高考全国卷中，古诗文占了 34 分；北京卷中，古诗文占了 46 分！如果不重视古文学习，丢了这几十分，您觉得您的孩子会吃多大亏？

而且，统编本语文教材将在这两年内开始全面换血：大量增加传统文化内容，特别是大量增加古诗文！一年级到六年级增加了 128 篇，增幅 87%，初中则增幅 51%。

语文是拉分王，不重视古文要吃大亏！"

针对学生的培训课程，虽然目标用户是学生，但出钱购买的客户却是学生家长。"高考一分的差距，就拉开了几千人……丢了这几十分，您觉得您的孩子会吃多大亏？"这句话对考生家长的杀伤力太大了，唯恐担心自己的孩子比别的同学少考一分是他们的痛点。

2. 利益诱惑

销售型文案的利益诱惑体现在两点，一点是我的产品能给你带来什么益处，另一点是你本次选购我的产品会得到什么样的优惠。

刺激消费者实施购买行为的首要因素，是使消费者相信产品能够令其在所需的方面获益。

所以在这一部分，将产品能够解决的问题、给使用者带来的好处简明扼要地罗列出来，要远胜于喋喋不休地介绍一大通产品的特点、优点。

介绍产品的特点、优点总比不上直接介绍产品功效对受众形成的诱惑力。

例如你的产品是K12教育产品，你宣传了半天自己的理念有多先进、受到多少家长和学生欢迎，都不如一句"一个月将学习成绩提高20分，无效退款"。

文案《7月、8月不抓紧做这件事，孩子下学期又陪跑》是这样进行"利益诱惑"，力图为家长下决心的：

"50节课，每节时长超过半小时，之前的内容更是想听就听，没有任何时间限制。

原价548元，现拼团报名仅需358元！！（PS：线下一次课就要200~300元）

此外，还有3重惊喜福利免费送——

1. 新人报名免费赠送以下教材一本……

2. 报名就享社群专属福利……

3. 打卡评优，还有惊喜奖励……"

这篇文案的策略是，在家长犹豫要不要给孩子买这个课程时，它告诉你，拼团报名可以优惠到358元，还不及两节线下课的收费。此外，还有三重惊喜福利相送，已经超值了，快下单购买吧！

3. 彰显自我

经过了刺激痛点、利益诱惑，终于可以"自我炫耀"一下，来讲一讲自己的实力和荣誉了。这部分也不要长，点到为止，其目的是给受众一个在众多同类产品中选择你的理由。

也只有当受众有了购买的情绪后,你才获得机会让他们耐住性子了解产品的特点和优点。

我们继续来看一个例子。

课程培训机构卖课程,除了卖课程本身外,其实还是在卖讲师。所以,文案《7月、8月不抓紧做这件事,孩子下学期又陪跑》在展示课程价值的时候也分了两部分。一部分是"课程优势":

不只是把文言文内容简单地解释了,而是融入故事、背景、字词句、文意引申等全方位的教课要点。结合孩子的特点,让孩子不自觉地陷入其中,乐此不疲,并主动参与思考。

- 从故事入手精讲经典小古文……
- 听读记全方位联动,加深记忆,提高效率……
- 难易结合循序渐进……

另一部分则是对讲师的包装介绍:

金光老师,人文学者,中国教育学会专家,是孩子们和家长们喜爱和尊敬的语文网课老师,他曾经成功举办过"跟着金老师读经典"——现代散文经典名篇导读课、"暑假陪伴夏令营"——现当代大师经典散文入门,写作技巧,中华传统文化融为一体的课程、"阅读能力快速提升训练营"——现代经典散文阅读理解提升课……

文案这一部分的写作目的是突出其实用价值,不宜太长,但一定要言之有物,所描述的信息一定是给产品加分的,无关内容要直接舍弃。例如,前面这位金光老师还是"一级甲等播音员",这与古文能力提升课程并无直接关联,介绍后反倒会对文案主题有所干扰。

4. 引导转化

最后一部分,引导转化也就水到渠成了。

第 6 课
吸引人的文案建立在好的框架上

常规的引导转化是在文案中添加收款二维码或者购买链接。

在《7月、8月不抓紧做这件事，孩子下学期又陪跑》这篇文案中，在每一部分内容完结后便插入一个课程购买入口，以便于家长看到某处受到文案的感染而意动时马上下单。

不过，每处购买入口出现时，该文案的创作者都格外用心地撰写了引导用语。

例如，在最初刺激家长痛点后，引导用语是这样的：

"每节超过30分钟
50节精品古文课，中小学常见篇目
高效！实用！便捷！
原价548，到手价只需358
长按识别下图二维码了解课程详情哦"

在介绍完课程优势后，引导用语是这样的：

"现在报名，仅需358元即可到手！两季组合报名还能更优惠！
系统学习100节古文课，小学不学初中后悔，初中不学高考来不及！
长按识别二维码，立即报名"

在介绍完讲师的权威性后，引导用语是这样的：

"跟金光老师学古文，干货多，还划算
是您孩子语文提升的重要利器！
原价548，到手价只需358
长按识别下图二维码了解课程详情哦"

而在文案的结尾，也就是在讲完报名还有惊喜福利免费送之后，再次添加购买入口时，引导用语变成了：

"再次提醒
每周2节精品课，足足50节
每次30~35分钟

本季课程原价548元，现在2人拼团

报名仅需358元！

费用只有线下课的几分之一！

实实在在省心又省钱！

好消息：暑假正是攻克古文的好时机，我们强烈建议两季一起组合报名，现仅需686元即可以拿下，立省410元！一个假期学完100篇小古文，逆袭下学期！

长按识别下方二维码立即组合报名吧！"

不要把引导转化的用语看作是几行简单的文字，一定要与前面的文案内容结合起来，只有保证受众继续沉浸在文案营造的氛围里，而不是一下跳脱出来，转化率才会更高。

此外，还要注意的是，参与订购或购买的流程一定要简单、易于操作。

小　结

本堂课介绍了产品推广传播中较为常用的故事型、资讯型、服务型、观点型、销售型5种文案的写作架构。而且这些写作架构都选取了最基本、易用的形式。

经过一段时间的练习，文案创作者可以尝试基于这些架构更自如地发挥、组织材料，并逐步形成自己的行文风格。

不管你选择写哪种类型的文案，一定要注意文案的易读性和实用性。易读性，简单地说，就是文案足够鲜活、生动，能够让受众轻松地读进去；实用性，则是指内容一定有用——对己，可以推广产品带来销售，对受众，他们可以从中找到解决自己需求的方法。

此外，虽然写作的确有各类技巧，但对文案创作者来说，只有能够得到目标受众群体喜欢的文案写法，才是最好的、最适合的。

课后演练

使用故事型文案模板列出一个故事的提纲。

故 事 提 纲	
背景	社会背景： 人物背景：
导入	
危机	
发展	
高潮 （化解）	
结尾	
拟一个吸引人的开头	

第 7 课
提升文案内容感染力的诀窍

章节重点

- 了解可以令文案取信于用户的方法。
- 学习并掌握运用图片的技巧。

思考提示

- 提升文案感染力的方法有哪些?
- 怎样才能够让听故事的人感觉你的产品是好产品?

第 7 课
提升文案内容感染力的诀窍

7.1 煽情与制造"冲突"

文案要引起受众的共鸣,常用手段之一就是煽情。

文案能不能煽情取决于细节,而煽情所能达到的程度则和矛盾冲突达到的程度有关。

所以,一篇成功的文案会格外注意煽情和制造冲突,从而令感动触达受众的内心深处。

例如下面这篇摘自"步履不停"的文案:

"你写 PPT 的时候,阿拉斯加的鳕鱼正在跃出水面,
你研究报表的时候,白马雪山的金丝猴刚好爬上树尖,
你挤进地铁的时候,西藏的山鹰一直盘旋云端,
你在会议上争论的时候,尼泊尔的背包客一起端起酒杯在火堆旁。
有一些穿高跟鞋走不到的路,有一些喷着香水闻不到的空气,
有一些在写字楼里永远遇不见的人。
出去走走才会发现,
外面有不一样的世界,不一样的你。"

文案的画面感非常强,我们仿佛真的能够看到鳕鱼跃出水面、金丝猴爬上树尖、山鹰盘旋云端……我们的心似乎也被放飞,禁不住想,是不是应该出去走走?该去看看世界了!

有时,朴素的情节一样感人。

例如下面这篇文案[一]：

结果回来了，和我初步诊断一样：上消化道穿孔。

"大爷，住院吧，您这个病肯定是需要手术的。"我开着住院条对他们说道。

"吃点药行吗？"大爷强忍着疼问。

"肯定不行，您这个病必须是手术治疗的。"我不停地用最简单的话掰开揉碎了进行解释劝说，但是我感觉老两口根本没有听我说的话。

"不治了，回家吧。"老头对老伴说。

当时我真的是很震惊。"大爷，不行，您的病不治会要命的。"我甚至是在"吼"他。

这时，门口之前那位因和男朋友吵架割腕的女孩也凑过来看"热闹"。

"我们哪有钱做手术啊，家里还有一个瘫在炕上的傻儿子，每个月都是靠国家补助的几百元钱，我也想给老伴做手术，但是家里真的拿不出钱来。"老大娘看着蹲在地上的大爷，眼泪在眼眶里打转说。

"住院能报销，比例很高的，您现在没带多少钱也没关系，先住院做手术，然后再补交都可以的。"我甚至比他们都着急："不做手术肯定是不行的，会要命的。"

经过短暂的沉默，老大爷有力地说了一句话："不了，不治了，钱迟早是要还的，我们还不起，把剩下的钱留给儿子他们娘儿俩吧。"大爷的话说得很有力但声音却有些颤抖。

"我给您出钱，您先治病，我不用您还。"朋友们，这句话并不是我说的，是一边"看热闹"的那位女孩说出的。我再次被震惊了，瞬间我觉得她好有勇气，瞬间我觉得她好可爱。

女孩的男朋友也站起来，我也站了起来。

"我们给您交钱做手术，您出院后再把报销回来的钱给我们就行，报销不了的那部分钱不用您还了。"小姑娘蹲下身对大爷说，她的眼神很真诚。

[一] 摘自"三甲传真"公众号，高巍，《如果不是北大医院医生主动曝光，你永远无法看到这一幕!》。——作者注

我当时的心情真的无法用语言形容，就在那一刻我感到人世间充满了爱！

一对生活拮据的老夫妻，老大爷的病已经致命，尽管住院会有医保报销一部分，还是决定不再医治，以把剩下的钱留给瘫在炕上的傻儿子。更令人感动的是，之前只因和男朋友吵架就割腕伤害自己的女孩，提出可以为老人付手术费而且不用还。

故事接下来是那对老人借口回家筹钱离去，没有接受女孩的好意。几天后，医生遇到送儿子到医院的老大娘，老大爷已经不在人世。

情节一波三折，老大爷病重—无钱医治—女孩无偿伸出援手—老人仍然放弃治疗，"冲突"迭起，几处催人泪下。

关于"矛盾冲突"，前面已经几次涉及，这里不再赘述。

7.2 让受众对故事"深信不疑"

一位企业家朋友找我咨询怎么给他的产品做推广，期间我问他，你的产品能不能挖掘出故事？

他思考了一下摇摇头说："没什么故事，你帮忙编一个吧。"

我也摇摇头，拒绝了。

我说："我可以去帮你发掘，但不会编。如果发掘出来的故事价值不够，我们宁可放弃从这一点切入，也不要去编故事。"

因为一个靠假故事去传播的产品品牌，产品质量的可信度又能有多少？

然而滑稽的是，有些文案创作者不仅会刻意去编故事，甚至可能会向故事型文案中添加虚构的成分，结果将一些原本真实的文案，也写得漏洞百出，被人质疑。

真故事怎么会被写成了"假故事"？这里面有文案创作者采访不充分、写作不认真等因素，但更主要的还是因为写作基本功不扎实、态度欠严谨。

写产品传播文案的重要素质之一，就是要将故事写得真实可信。

7.2.1 细节要真实

话说"细节决定成败",体现到产品文案上也的确如此。

你要相信网友的眼力,任何不清楚的问题最好都不要试图蒙混过关。有时很小的一个细节,就可能引发质疑,甚至会被越挖越深。

反之,如果多描写细节并做到无懈可击,则更能增加文案的可信度。

产品传播文案中出现的细节问题经常集中在下面几点:

1. 日期错误

由于当事人也不一定记清楚准确的时间,所以故事型传播文案中有时会出现日期错误的问题。这种错误单独看不太容易发现,但有时候结合上下文就能看出问题了。

例如,前面说 2018 年 4 月发生了某某事,但后面又说 3 个月后的一天,秋高气爽,那就一定有个日期出错了。

再或者前面讲 2016 年,接下来说,第二年他获得 2018 年度某某奖项,恐怕也是有问题。

要规避这种情况,一种方法是找当事人进一步核实,另一种方法是去掉时间参照词,采用如"3 个月后""第二年"等同。

2. 常识性错误

"田野里的高粱熟了,一棵棵沉甸甸地低着头,远远望去,红彤彤的,如一片火的海洋。一只小猫趴在树荫下,瞪着眼睛愣愣地盯着他在午后的骄阳下挥汗如雨。"

这句话有问题吗?

有两个问题。一个是,高粱不会低头;再一个是,有骄阳,即使在树荫下,小猫应该也不会"瞪着"眼睛。

常识性错误也是比较容易出现的,如把某道菜写错了菜系,用错了某个专业性的术语等。

规避这类错误，重要的是仔细观察，采访的时候多问勤记，尽量不在文案中写自己不熟悉的东西，更不要加入编造臆想的成分。

3. 人物说话太书面

文案中，经常会出现直接引语，这样可以使内容读起来更生动。

不过要注意一个人的表达方式要和他的学历水平相匹配。而且在日常对话中，使用的应该是口语，不要在人物对话中使用书面语。例如，无论在城市还是在农村，大家喊"爸爸"的时候都不会使用"父亲"。

讲故事时，直接引用说话者原汁原味的口语，有时反倒可以收获意想不到的效果。

例如，写一篇原产地故事的文案：

路边就是老张的园地，大蒜长得没过了膝盖。老张开心地说，今年又是一个丰收年。他扳着手指给我们算了一笔账："今年大蒜长势好，产量高，大蒜头质量也好，估摸着一亩地能收 4 000 斤。现在市场上 3 块多一斤，一亩地就能卖 1 万多元钱。"

话很朴实，也很可信。

但如果这样写：

路边就是老张的园地，大蒜长得没过了膝盖。老张开心地说，今年又是一个丰收年。他扳着手指给我们算了一笔账："今年大蒜长势好，产量高，大蒜头质量也好，预计亩产可达 2 000 公斤，按照市场价 6 元多钱一公斤计算，一亩地就能收入 1 万多。"

给人感觉就大打了折扣。

4. 偷换概念

这种问题往往是文案创作者有意为之。通常被换的是创始人或者专家身份，也可能是获得的奖项、荣誉等。

例如把曾任的下属公司的高管，误解成集团公司高管。

2019年年初,还曾出现过一起员工"打假"事件,起因是一篇名为《那个从阿里离职的漂亮女高管,从来不过情人节》的微商推销文案火了,但不少阿里巴巴的员工提出质疑,表示她此前曾在阿里健康任职,但不算高管。

这种情况或许不被注意,但一旦被网友指出来,则涉嫌造假,会对产品品牌造成损伤。

5. 以偏概全

为了渲染效果,有意地将某一种情况单方面放大。例如为了显示某个人的困境,渲染其家庭经济压力巨大,他克服重重困难,却故意不提家中能够分担其责任的其他主要成员。

7.2.2 逻辑要严谨

逻辑严谨可能不会给文案加分,但如果文案的逻辑存在问题,却很容易引发质疑,给文案减分。

产品传播文案中比较容易出现逻辑混乱的地方有:

1. 时间点

许多时候可能是当事人叙述混乱造成的。沟通采访时,对方自相矛盾的描述可能被忽视,但落笔的时候就显现了出来,如果不进行梳理而直接使用,就会造成事件进展上的混乱,两件事可能相互影响,却先先后后分不清楚。

故事型产品文案常会遇到这种情况,如果当事人也实在说不清楚,最好的做法就是将其中的某个事件舍弃,或者规避掉因为时间轴造成逻辑混乱的部分。

2. 人物身份

一个公司的业务新人请一个集团公司的总裁喝酒聊国际经济形势,这种情节基本只可能出现在影视剧或者脑洞大开的都市小说里。

不要强行赋予小人物超过自己能力的能量和过多的巧合。否则即使你逼着自己相信了,受众也会通过逻辑推理发现问题。

3. 叙事人称

叙事人称也是事故高发"地段"。

有些文案第一人称、第三人称来回变换，几番下来可能作者自己都晕了，更别想让受众看明白。

产品推广文案不是文学作品，建议尽量直接明了，直接引语使用引号，少做角色的来回切换。

4. 画蛇添足的部分

有时为了对文案内容加以佐证，作者会增加专家的说法或者相关的图片。这些内容的增加应该适可而止，否则可能会弄巧成拙。

专家说多了可能反而削弱了产品的创新性；图片用错了，反倒暴露了问题。

例如在互联网上曾一度"10万+"的一篇文案里面，提到自己6年前曾赠送别人小礼物，并贴出小礼物和赠言的照片，还特意标注是当年拍摄的。这一点本身就容易让人产生怀疑——先抛开这张只有小物品连个人都没有的照片怎么会被保存到现在不说，当时你怎么就会知道多年后要用它们做配图，而专门为它们拍照呢？谁会习惯给自己递给别人的一张纸条拍照？

7.2.3 人物身份要具体

来看两段文字：

"研究显示，久坐会增加罹患各种癌症的风险，肺癌发病率增加54%，子宫癌增加66%，结肠癌发病率增加30%。如果消除久坐行为，结肠癌、子宫内膜癌、肺癌等疾病都可以得到一定程度的预防。据说，全球每年因久坐而死亡的人数超过100万。"

"世界卫生组织曾指出，全球每年有200多万人因久坐而死亡。英国《每日邮报》3月25日也报道了一项英国贝尔法斯特女王大学做的最新研究：久坐会使 2 型糖尿病风险增加 88%，心脏病风险增加 14%，肺癌风险增加 27%，肠癌风险增加 30%，子宫癌风险增加 28%。"

这两段内容都在讲久坐的危害，不过存在两处数据冲突。

第一段里面提到"肺癌发病率增加 54%""全球每年因久坐而死亡的人数超过 100 万"，但第二段提到"肺癌风险增加 27%""全球每年有 200 多万人因久坐而死亡"。你会相信哪一个？为什么？

绝大多数人会相信第二段。

因为第二段里面的数据有出处。"全球每年有 200 多万人因久坐而死亡"是世界卫生组织指出的，"心脏病风险增加 14%"来自《每日邮报》3 月 25 日报道的英国贝尔法斯特女王大学最新研究。而第一段，谁知道数据怎么来的呢？

也就是说，文案内涉及信息源或关键人物的时候，对方身份越具体，给人的感觉会越真实。

再例如：

"种樱桃园的大爷说，种樱桃树比外出打工强多了，他园子里种的 50 多株樱桃树，去年只卖樱桃就收回来 5 万多元。"

"核桃园镇山王村 62 岁的张有贵说，种樱桃树比外出打工强多了，他园子里种的 50 多株樱桃树，去年只卖樱桃就收回来 5 万多元。"

如果这是用来激励青年大学生回乡创业的文案，你觉得哪个说法更让你信服？

答案当然是第二个，因为它不仅指名道姓地告诉了你是谁卖樱桃就收回来了 5 万多元，而且还说出了他所在的村子和他的年龄，将说话人具体化了，这个事例也就显得更可信。

7.2.4 数字要精准

众所周知，在文案中巧妙使用数字，可以获得很好的效果。精准的数字能够给人更专业、更用心的感觉。如下面两种表述：

"热销产品！年销售量超过 800 万瓶"

"热销产品！每 4 秒钟就能销售 1 瓶"

这两种表述，哪个可以让你感觉产品热销？可能多数人会觉得是第二个。因为超过 800 万瓶，并没有太明确的概念，而且 800 万还没到 1 000 万，似乎也不算多。但"嗒嗒嗒嗒"秒针跳 4 下就可以卖出去 1 瓶，日夜不息，感觉速度还是比较快的，而且感觉这个数字是被精心计算过，不是闭着眼睛蒙出来的一个数字。

不过，仔细算算，1 分钟是 60 秒，销售 15 瓶，1 天就是 21 600 瓶，1 年就是 7 884 000 瓶，竟然还不到 800 万瓶！

精准的数字能够给人更值得信任的感觉，是因为我们往往觉得对方说出具体数字，会显得更真诚。

例如，去参观瓶装水厂，陪同人员介绍"我们的这款水经过了 27 道过滤"和"我们的这款水经过了 20 多道过滤"，你感觉是什么样的？

对于"27 道过滤"，通常会感觉"哇，工序这么复杂！"会觉得水质有保证，陪同人员也很专业。而对方如果说"20 多道过滤"，虽然不一定感觉对方有应付的情绪，但也会觉得这是对方顺口一说的数字而已。

结合自身，如果你要对自己的女朋友表白，可以感受一下下面的三种表达形式：

"亲爱的，到今天我们就认识 3 年多了。"

"亲爱的，到今天我们就认识 37 个月了。"

"亲爱的，今天是我们认识的第 1 132 天。"

哪一个显得更真诚，更容易感动人？肯定是最后一个，将天数都数得那么清楚的男朋友显得最用心！

7.2.5 第三方背书

口碑营销的转化率是最高的，为什么？

是因为如果先有了信任，而后更容易促成购买。

想让受众能够信任你在文案中的表述,还有一种办法,就是让没有利害关系的人来帮你的产品做背书,通过第三方来说你的产品需要用、可以用、很好用。这也是为什么网站的落地页设计少不了"社会证言"这一要素。

这些第三方包括:

1. 专业典籍

例如,你知道哪里的枸杞最好吗?

《神农本草经》中称枸杞:"久服,坚筋骨,轻身不老"。《本草纲目》记载:"枸杞子甘平而润、性滋而补……只能补肾润肺,生精益气,此乃平补之药。"《中国质量报》在推介国家地理标志保护产品时介绍:《本草纲目》中,将宁夏枸杞列为本经上品,称"全国入药杞子,皆宁产也",意思是宁夏枸杞从药效和营养价值上来讲,居国内前列。

这般引经据典,受众当然能够相信。

2. 权威机构

政府部门、高校、科研院所或专业机构等非营利性的机构都可以列为权威机构。而一些大公司、专业性公司等获得大家普遍认可的机构,它们的分析、数据和建议同样具有权威性。

此外,还有一个比较特殊的机构,就是官办媒体。例如中央电视台(央视)、中央人民广播电台、中央级的报纸和杂志等。

有的产品只是去央视播个广告,也敢写上"央视推荐品牌"。不过,多数消费者的确会认为"这个产品都能在央视上做广告,产品质量一定没问题"。这也是一种背书。

3. 行业专家

行业专家在业界内沉浸多年,受到普遍认可,他们的观点和建议比较容易被受众采信。

例如你的产品是橙子,想推荐给孕妇。不免有人顾虑:"孕期高血糖能吃橙子吗?"这时,便可以找医学、营养学方面的专家来解除疑惑。

一些问题，即使你知道正确的答案，也一定要找权威的行业专家出来解答，因为他们的身份可以让答案更可信，更容易被受众接受。

4. 消费者

"产品直供奥运村""中国移动、中国石化都在采购我们的产品"……这样的产品可信吗？

人们当然觉得可信。因为人们通常认为奥运村以及大型企业会对产品质量严格把关，之后才会提供给相关人员使用。

文案可以通过案例客户对产品进行背书，让受众相信你。

同时，也可以请消费者"站出来"推荐产品。例如，集团客户对接人的采购理由、消费者的消费体验等。

7.3 有意让自己与众不同

我们开会也好，听别人讲课也好，有些人总会讲得令人昏昏欲睡，但也经常有人讲得让全场听众精神抖擞，全神贯注。

你认真回想一下，能够吸引人的讲话通常是不是和常听到的讲话不一样？

写产品文案也是这样，要起到吸引受众、感染受众的目的，不妨考虑从活动策划、信息传递、语言风格等方面凸显自己的与众不同，并针对受众不断强化这些标签。

下面我们举例两家营销较为成功的电商企业，看看它们在这方面怎样操作。

7.3.1 三只松鼠

广大"吃货"对于三只松鼠一定不陌生。

三只松鼠成立于2012年，是国内第一家定位于纯互联网食品品牌的企业，也是当前国内销售规模最大的食品电商企业。从5个人的创业团队，到年销售额超过 70 亿元的公司，三只松鼠只用了 6 年时间。

"80 后""90 后"和"00 后"是目前互联网的主流消费群体，三只松鼠重点锁定这部分用户，通过可爱的卡通松鼠形象、个性化包装以及会卖萌的客服，重点树立自己的互联网品牌。

在传播通路的选择上，三只松鼠以电商平台为主，以视频传播和口碑传播为辅。

1. 塑造一个"萌萌哒"的形象

研究一下三只松鼠的店铺、微博和微信公众号上的文案，会有几点发现：

1）强调使用专有的卡通松鼠形象；
2）称呼消费者不是"亲"，而是主人；
3）强化购物体验和认同文化；
4）将农产品的生产者和消费者连接起来，通过用户评价及检测数据对上游生产者进行实时品质改善。

三只松鼠格外注意强化它们的卡通松鼠 IP 形象，并将其特征定义为"萌"，选择张口就是"主人"的卖萌营销。不但语气上"萌萌哒"，文案中也会坚持使用卡通形象的小漫画、表情包、微视频。

在多数商家称呼消费者为"亲"的淘宝、天猫上，三只松鼠客服用萌萌的"主人"称呼，一下形成了差异化，加之萌萌的卡通形象，很容易激发起网友内心深处的亲近感和呵护欲。

在通过文案传递的购物体验和认同文化上，三只松鼠针对互联网用户懒惰、自我的特点，考虑得十分周到。针对不同的时间节点，它们会有不同版本的"写给主人的一封信"。在电商文案中，三只松鼠还会提示在每个订单里面，根据不同的坚果种类附送开壳工具、封口夹、湿巾、果壳袋。

当然，在文案之外，三只松鼠为了塑造卡通松鼠 IP 形象也是狠下了一番功夫的。

在 2017 年双十一购物狂欢节时，三只松鼠推出了悬疑微电影《萌主的考验》，主角是他们的代言人 TFBOYS 和三只小松鼠，获得超能力的方式当然是——吃坚果。三只松鼠通过 TFBOYS 代言以及与他们同框的微电影，借助 TFBOYS 的粉丝群进一步拓展了自己的潜在用户。

2018 年，三只松鼠出品了集搞笑和冒险于一身的动画片《三只松鼠》，不仅在北京电视台卡酷少儿频道播放，还在各大视频网站累计收获了近 5 亿次的播放量。

动画片设定了机灵又果敢的松鼠小酷、贪吃又纯真的小健、美丽而大方的小美，以及充满童话浪漫气息的松鼠小镇。随着电视台和互联网视频平台的传播，三只松鼠的品牌关注度再次得到提升。

三只松鼠还植入部分影视剧，例如《欢乐颂》《好先生》《小别离》《微微一笑很倾城》等。

2. 常搞一些脑洞大开的名堂

围绕互联网用户的好奇、跟风特点，三只松鼠格外偏爱借助特别的事件或时间节点，搞一些名堂。2018 年 7 月，三只松鼠推出了包装高 75 厘米的巨型零食，吸引了用户眼球，迅速成为网络爆款产品，短短一个月时间在各电商平台累计销售超过 10 万单。

仅 2019 年第一季度，三只松鼠脑洞大开的活动也是层出不穷。

例如：三只松鼠中国年，新年货运动；"我有零食你有梗么"脚本征集大赛；"三只松鼠杯"休闲食品创新大赛；"是闺蜜就一起测渣男"，"3.22 闺蜜日"活动；在愚人节之前的 3 月 31 日推出"331 补脑节"。

这些脑洞大开的策划，会不断向受众强化三只松鼠"爱搞名堂"的"习惯"，从而为它们的文案贴上"爱搞"的标签，时常产生期待，并乐于参与进来，甚至去帮助其完成二次传播。

7.3.2 韩都衣舍

韩都衣舍创立于 2006 年，经过十余年的发展，其由淘宝小卖家逐步成长为拥有 80 多个互联网服饰品牌，涵盖韩风、东方风和欧美风三大风格，包括女装、男装、童装、箱包、鞋、内衣、家居、家纺、配饰、户外服饰等类目的互联网品牌生态运营集团。

2014年~2018年的双十一购物狂欢节，韩都衣舍连续五年获互联网服饰品牌销售冠军。

韩都衣舍的观点是：电商也是媒体，"不懂互联网传播的电商不是好媒体"。

1. 敢于挥霍版面

作为快时尚电商品牌，韩都衣舍是一个会"搞事儿"的公司，而且，除了抓住那些耳熟能详的时间节点外，还会主动出击"搞大事儿"。

韩都衣舍做得最"极致"的一次，是敢于将店铺首页的全部商品下线，而用于发布文案。

2015年，当时的背景是越来越多实力雄厚的传统企业相继涌入电商领域，淘品牌最初的发展黄金时期已过，慢慢处于下风，节节萎缩，生存环境变得尤为恶劣。

2015年8月1日，韩都衣舍天猫旗舰店首页突然撤下全部商品，换成一组组文字犀利的海报。"只卖态度不卖货"，并与网友相约8月3日见，引起了业界轰动。这次营销策划，以"我是维新派"为主题，面向传统品牌、传统行业"叫板"。

2015年8月3日，韩都衣舍店铺首页发布直接叫板优衣库、H&M、Zara等传统知名服装品牌的图文，并在官方微信利用长图文形式发布更尖锐的文案。

在两拨动作之下，"维新运动"掀起网络热议，韩都衣舍发布了全智贤、朴信惠等明星代言人的维新宣言海报及系列主题海报，当年8月5日，韩都衣舍天猫旗舰店的8·10大牌促销拉开帷幕。

据统计，它们该次活动的文案辐射人数超过9 400万人，获得高度关注。而"维新运动"的最终落脚点——当年8月10日的"超级大牌日"大促活动，单日店铺最高浏览量超过1亿人次。

2. 勇于自黑

巧妙利用好传播，自黑类文案往往更能够带动受众的情绪。

2015年10月26日12:30左右，韩都衣舍突然成了新浪微博的话题热点——其天猫旗舰店首页突然被"黑",网购通道及货品全部消失,取而代之的是黑色背景下歪歪扭扭的 6 个大字——"活该韩都衣舍"。

顿时网络上议论纷纷。有的网友直言说这是一场营销策划,但也有网友认为,这是韩都衣舍店铺受到了网络攻击。更有网友推断,这是内部员工所为,很可能是韩都衣舍把美工给惹了,并表示"做电商千万不要惹美工"。

当天下午,"活该韩都衣舍"事件谜底揭开,据称是在针对双十一购物狂欢节做店铺细节优化时,策划人员在与美工沟通中把一张玩笑图误传了上去。

从"网页异常事件"引来海量网友围观开始,韩都衣舍的营销推进手法可谓层出不绝。

"活该韩都衣舍"引导出韩都衣舍的 2015 年双十一购物狂欢节策划文案"活,该新锐",并在第二天,借助明星的力量发声,在明星粉丝圈内引起反响;第三天,9 个"网红"携精彩的段子同时出现在韩都衣舍天猫旗舰店首页;再到网友争相创作"活,该××","韩都体"成为双十一购物狂欢节的流行文体,如下面几条:

"活,该自我

失去一切

也不能失去自己

韩都衣舍双 11

找到最真实的自己"

"活,该 90 后

谁说 90 年后

只属于 90 后

新锐与年龄无关

韩都衣舍双 11

新锐风尚与你一起 90 后"

接下来的 2015 年"双十一"购物狂欢节,韩都衣舍如愿收获了互联网服饰品牌销售冠军的称号。

7.4 用好图片,不仅是产品图片

图片更容易吸引到目光,而且能够传递信息,也更有说服力。一张好的图片传递的有效信息可以胜过上千文字。

有研究表明,新闻图片和图片下方说明文字的阅读率要远超过其他内容文字许多倍。

但也并不是图片越多越好,一定注意图片和文案要有关联。

怎样才能用好图片呢?

7.4.1 吸引目光

现在的自媒体平台,在推荐文章时,通常会标题附带主题图,所以主题图"吸引目光"的责任重大。

有时,图片可能会被受众第一眼看到,吸引目光驻留,之后才去看标题。有时,标题可能平淡无奇,但主图吸引了受众去阅读你的文案。

我们来看图 7-1,这是从今日头条 App 上截取的部分页面。

在上面的截图中,你第一眼往往会被左上角的图片所吸引。因为明亮的颜色使它一下从页面里跳了出来,而引起受众的关注,进而会去看这条内容的标题。

其实,在截取的这部分页面上,3 个标题

图 7-1 自媒体平台页面的截图

的制作也都是不错的，但深灰色的文字和彩色的图片相比较，在对视觉的冲击上完全没有优势。

也就是说，在这种场景下，如果同一页面上有着一两张足够吸引眼球的主题图，而一篇取了好标题的文案的主题图却很单调，那么结果极可能是，使用单调主题图的好标题最终会被忽略掉。

这就是图片吸睛价值的重要体现。

制作主题图图片时需要注意的问题如下：

1）保证图片清晰，图片上的元素不要太繁杂。应该具备向受众传递一些信息量，引发受众的兴趣和点击的冲动。

2）构图自然，最好选用横图，以便充分显示。

3）主题图可以根据需要进行美化设计，加入引导性文字，起画龙点睛的作用。但字数不要太多，字号不要太小，要考虑在手机上阅读的效果。

4）能够通过图片承载的信息，尽量不用文字。

5）尽量不要用色彩单调或者太乱的图片。

在电商平台，也会遇到主题图使用的问题。

相对于媒体和自媒体的主题图，它最需要的是冲击力，从配色到元素到配文，简洁、快速地传递信息，给受众以震撼的感觉。例如图 7-2 是天猫首页在电脑上的截图。

图 7-2　天猫首页截图

这张图是天猫网站首页上"天猫·汽车生活节"的主题海报,色彩与整个页面的用色较为统一,但在图的中央部分使用黄色突出了开汽车的"天猫"形象,扣住了汽车生活节的主题。整个画面元素不多,留白○较多,可以让受众一眼看到关键文字——"汽车用品 抢万名半价",以较强的视觉冲击力达到了传播目的。

不过,尽管在"立即抢购"右侧加了一个向右指示的小箭头,但右侧的"汽车用品""汽车养护"两个区域仍不太引人注目,原因是有着O型大眼睛的天猫卡通形象太吸睛了。

7.4.2 突出产品形象

许多商家会专门请摄影师拍摄产品图片。我也曾经造访过专业的产品摄影工作室,一些国际大品牌都是它们的客户。

生产商、销售商等商家为什么这么重视产品图片?

这是因为受众对新产品的第一印象往往来自文案内的图片。而一张好的产品图片传递出的信息,可以让受众对产品形成较为立体的认识,感受到产品的品质、理念,甚至喜欢上产品。

例如图7-3是韩都衣舍的一款夏装展示的网页截图,图片上除了选择身材匀称的模特外,还设置了生活化场景,搭配了透明的简易挎包,展示出服装的日常穿着效果。

不可否认,多数用户网购时,购买的其实不单单是某件产品,更多是产品图片带给自己的想象与感觉。

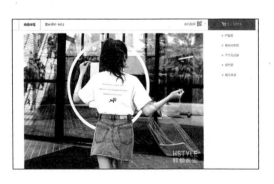

图7-3 韩都衣舍的夏装展示网页截图

所以,在文案中,一定要注意用好产品图片。选图片有以下几点要注意:

○ 留白是中国艺术作品创作中常用的一种手法,指在作品中有意留下相应的空白,留有想象的空间。

1）尽量使用拍摄的真实产品图片，少用设计出的样图。

2）尽量不使用抠图或者拼接的图片。

3）产品图片的背景要干净，或者有意虚化背景凸显产品。背景太乱会降低产品给人的价值感受。

4）图片主体要完整、清晰，让受众可以了解到产品全貌。

5）产品细节图片要注意构图，角度、截取区域要既能展示细节又能给受众画面舒服的感觉。

6）注意光线，产品有光泽才能令人感觉质量好。

7）农产品图上最好有人物，这样既可以使画面活泼，又能够让人感受到产品刚上市的新鲜。

产品的形状、结构、性能、色彩和用途等特点，都可以通过图片来展示。而加入产品图片的目的是引起受众对商品的购买欲望，所以文案中使用产品图片时，数量不在多，而在于哪一张图或者几张图更能打动受众。

7.4.3 营造氛围 ⊖

配合文案风格的配图，还能够起到烘托气氛、营造氛围的作用。

在选择什么样的图片来烘托什么样的气氛时，首先是从色调上着手。与文案契合的色调，可以更快地将受众带入到文案所营造出的氛围中。

表7-1是色彩与文案氛围对应表，在选择文案配图的主色调时，可做参考。

表7-1 色彩与文案氛围对应表

红色	橙色	黄色	绿色	青色	蓝色	紫色	白色	灰色	黑色
热情 热烈 浪漫 激情	温暖 温馨 满足 友好	光明 单纯 活泼	年轻 安全 自然 稳定 成长	信任 清新 脱俗 真诚	沉稳 忠诚 保守 伤感 冷静	浪漫 优雅 神秘 高贵	纯洁 高雅 天真 冷漠	随意 宽容 苍老	严肃 沉重 精致 悲痛

⊖ 本小节表格和图片的彩色效果请见本书附录B后的彩色插页。

例如：

对热闹火爆的文案，可以配加多彩热烈的、包含元素相对复杂的图片。如图 7-4 所示，图片被用来营造热闹喜庆的场面时，图中元素相对较多。

对风格淡雅的文案，可以配加画面元素简单素雅的图片。图 7-5 就比较适合出现在小文艺、小清新的文案里。

图 7-4　北京某中秋节活动配图

图 7-5　画面元素简单的图片
比较适合风格淡雅的文案

对内容忧伤的文案，可以配加蓝色调的图片，如图 7-6 中营造出的离愁情绪。

对反映收获的文案，最佳的图片当然是选择累累硕果、丰收田园或者劳动者在田间满脸喜悦的场景，如图 7-7 所示。

图 7-6　淡蓝色调更易营造出伤感的氛围

图 7-7　丰收的庄稼

其次要选择合适的元素，即画面里的内容元素。一花一草、一道远山、一处野渡、一只小狗、一个小朋友、一个老人的背影等，都能够为文案增色不少。

再者，是选择适合意境的景别。即画面选择全景、远景、中景、近景，还是特写。通常，远景易于抒发情感，近景在于加强对某一元素的关注。一般情况下建议使用近景或特写。

7.4.4　补充信息

对产品传播文案来说，许多时候并不宜过长，图片可以起到节省文字、补充信息的作用。

例如，讲到农耕，你想介绍一下玉米和高粱的区别，可能要用洋洋洒洒几百字，但对没有接触过农村生活的受众来说仍是一头雾水。但如果你使用玉米和高粱的图片，让大家对照起来，可能几句话就把两种农作物的特点说了个明明白白。

再或者快速辨别土鸡，快速学会分辨茶叶等，图片都能够帮上大忙。由图片展示细节，而文字上只做重点的说明就够了。

在介绍工艺、农产品的收获时，图片更能够替代冗长的文字来反映出场景。而且照片中反映出的人物动作、形态、表情，或许都不是一般文字能够表达的。

通过文字和具有补充作用的图片间隔排版，还能够提升文案的易读性。

7.4.5　佐证真实

互联网上有一句非常流行的网络语言是"有图有真相"。

意思是说互联网上的一些话题仅仅通过文字不能使围观者信服，发言者应提供图片，从而令围观者获得真实感，相信这是一个事实。

这句话也道出了文案图片的一个重要价值——佐证真实。

要讲一处农产品生长于原生态的山水之间，喝的是山泉雨水，吃的是不会污染环境的农家肥，这里民风古朴，散发着乡土气息……

说得很不错，可怎么证明呢？

最简单的是配一张照片上去，一位头戴斗笠的老大爷牵一头牛在池塘边喝水！

有牛，说明当地至少还有农耕生产；而能够在池塘里喝水，则可以说明水体没有受到污染，当地的环境可以信赖，的确是"有图有真相"。

小 结

现在手机已经成为大家获取信息的重要终端，所以文案的阅读也多用手机完成。考虑到受众用手机阅读的这个特点，建议产品传播文案尽量不要太长。太长的文案容易造成阅读疲劳，导致受众中途流失。1 500字左右应该算是一个比较适中的文字量。

文案可以煽情，但情节最好不要太复杂。因为文案不是文学作品，面对的多是快餐式阅读的受众，多数人对风花雪月的东西无感，需要推理判断、欲扬先抑的表达形式也不会被广泛接受，所以文案不要绕太多圈子，尽量简洁明了地传递出你要传递的信息就好了。

你要相信在互联网上有相当一部分人是看不懂"反话"的。

此外，在销售圈里有一种说法值得我们文案创作者思考和借鉴，归纳下来是"初级销售卖特点，中级销售卖优点，高级销售卖受益点"。

意思是说，水平比较低的销售人员在推销时，目光会盯在产品特点上，一二三四去讲；水平稍高一点的销售人员，会考虑消费者的感受，有针对性去讲和其他产品相比，自己的产品的优点；而水平更高的销售人员，则会为消费者考虑，对方使用这个产品能够获得什么好处。

理解这段话，对我们选择写作角度的确会有很大帮助。

最后提醒一点，用好图片很重要，但文案中使用图片一定要注意版权。

第 7 课
提升文案内容感染力的诀窍

课后演练

找出一篇之前写的文案,尝试做内容"真实度"的提升。

检查方向	现在的表述有什么问题	修改后表述
细节		
逻辑关系		
关键人物身份		
数字		
背书人身份		

第 8 课

文案传播的"八要八不要"

章节重点

- 增强传播效果的技巧。
- 了解产品文案传播的禁忌。

思考提示

- 应该如何构建自己产品品牌的自媒体矩阵?
- 如何总结分析传播效果,才能更好地获得经验?

第 8 课
文案传播的"八要八不要"

8.1 八要：让传播事半功倍

有朋友抱怨，前段时间自己写的一篇文章发在自己的自媒体账号里，点击量超过 5 000，创了新高，正沾沾自喜，却发现在一个转发了自己文章的公众号，它的点击量轻轻松松就超过了 10 万。

其实，很多文案创作者都遭遇过这样的尴尬。

产品文案传播的效果好不好，并不只是和文案写得好不好有关，还取决于你选取的传播渠道的影响力，和你为之所付出的努力。

粉丝只有几千人，想一下有超过 10 万的传播，不是没有可能，但它出现的概率一定与有粉丝上百万人的大号比，会小很多。

所幸的是，对于我们来说，不管自己的直接的受众基数是多少，仍有许多事情可做，从而可争取传播效果的最大化。

8.1.1 想清楚是要流量还是要转化

运营的时候，许多领导总希望写产品的文案既要高流量，又要高转化率。

这种愿望是好的，也是每一位文案创作者的追求。但"高流量"和"高转化率"之间并没有必然的关联。事实往往是，高转化率的文案不一定有高流量，高流量的文案也不一定有高转化率。

最好的做法是把要流量还是要转化率定为一主一副两个目标，从而在文案写作的时候更容易发力。

只是文案创作者也的确要把"转化"放在心上。

流量做影响，转化做营收。我们"做影响"的根本目的还是要落地于做营收。

我们曾经做过一个叫"电影手艺人"的微信公众号，里面设了一个栏目，专门讲视频拍摄制作的技巧，这应该是非常小众的内容。栏目上线两个多月，只聚集了不太多的粉丝，每期的阅读量还只有 4 000 左右，却很快有了 20 余万元的广告收益。

有位朋友做了自媒体"车壹条"，当他们的营收突破百万元时，流量也还比较有限，但这并没有妨碍客户对"车壹条"的肯定。

对于任何产品来说，都会有其特定的消费群体。针对这个特定群体的流量才是最有效的，转化效果也才会是最好的。

所以，找到目标受众群体在哪里，最大限度去影响他们，这样的传播才更有意义。

8.1.2　要围绕人，多讲故事

我们之前已经提到过，针对同一主题，讲故事对受众的吸引力一定远远高于理论和说教。

通过人物对产品赋予的形象会更立体，会更容易引起受众的关注，也更容易被受众认知和记忆。在选择一张主图时，如果里面有人物出现，其所受的关注度也会明显提高。

所以，写产品传播文案时，如果能够将人放进去，就一定要放进去，然后通过讲故事的形式讲产品。

对于如何写故事型文案，第 6 课已经讲过，这里不再赘述。

8.1.3　要注意做好文案排版

好的文案，一定还要给人好的阅读体验。

我们经常会说："今天看书看得头昏脑涨。"原因之一是内容可能比较专业或者晦涩，需要开动脑筋去理解；原因之二很可能就是排版有问题，大段大段的文字塞满页面，看得脑袋先涨起来。

赏心悦目的文案排版方式要注意以下几个方面：

1. 字体、字号

考虑到许多用户使用手机阅读的习惯,字号以 16px(磅)左右比较适宜,行间距选择 1.5~1.75 倍,字体选择粗细均匀的字形,如微软雅黑、幼圆等。

颜色会影响阅读的舒适度,正文中尽量不使用大面积的背景色。大面积正文的颜色,尽量选择比黑色稍浅的深灰色。内容文字的颜色可以有 2~3 种,但不宜过多,否则会显得杂乱。

2. 段落别太长

段落不要太长。因为如果文字过于密集,浏览容易看错行,不方便快速阅读。所以,每段最好只有几句话,表达一个意思,然后进行新的分段。

在多数自媒体中,往往不再使用"首行缩两字"的排版形式,而是直接顶头行文。但两段之间通常会空出一行。

3. 划分章节

在文案中,使用小标题或者 1、2、3、4 序号划分出章节。

划分章节的优点是,省却了起承转合的麻烦,更便于行文,而且可以通过小标题或者第一段的文字,提纲挈领地点出本章节的内容,便于受众快速了解。

4. 使用好配图

如果一篇文章全是文字,会显得比较单调,阅读起来甚至会显得枯燥。最好的办法是在表达的每部分中插入少量的关联图片,从而可以使阅读稍加停顿,文案更具层次感。

不过,使用配图的时候,图片要清晰,和内容一定要有关联,图上的元素也忌讳太乱,要注意图片与文案意境的契合。同时,也不要放过多的图片,否则会让排版凌乱,而且会对用户造成干扰。

5. 杜绝错字、病句

一定要注意检查,不要让错字、病句影响了阅读的心情。

8.1.4 要重视自媒体矩阵建设

互联网的发展，使得每一个个体都能够成为信息传播源。所以，我们在选择使用正规的媒体渠道进行传播的同时，又多出一个不容忽视的选择，就是通过自媒体进行传播。

越来越多的产品品牌已经开始重视自媒体矩阵的建设。

自媒体矩阵的最大作用是放大品牌的影响力，获取更多的流量和更多受众的关注。

1. 跨平台账号

建设自媒体矩阵很重要的一步，就是要同时开通多家自媒体平台的账号。

目前的自媒体平台包括微信公众号、新浪微博、今日头条、一点资讯、百度百家、大鱼号、大风号、网易号、搜狐号、知乎、快手、抖音以及相关行业博客等。可以根据自己的产品受众聚集的特点，选择多家平台同时注册开通。

2. 同平台账号

即使在同一自媒体平台，最好也根据不同的传播定位、产品品牌的特点、细分的用户群体等开通多个账号。

例如，华为官方仅在新浪微博上就开设了数以百计的账号，包括华为中国、华为终端官方微博、华为手机、华为终端云服务、华为商场、华为EMUI、华为应用市场、华为云、华为开发者联盟等。而在微信公众平台，则有华为、华为手机、华为终端客户服务、华为EMUI、华为花粉俱乐部等数十个官方账号。

可以看出，华为无论是在微博还是在微信公众平台上都开通了多个账号，基本是以服务对象来划分。而在内容发布上，也多是分开运营，发布与账号、用户普遍相关的信息或互动活动。

3. 公司账号和个人账号

通常，自媒体矩阵的构成并不仅限于公司账号，还会加入一些个人账号，例如公司董事长、总裁、副总裁等高管的账号，以及公司运营人员，或者专门设置的一些运营小号等账号。

表 8-1 所示为韩都衣舍在微博、微信公众平台上的自媒体矩阵，其中在每个平台上都有多个账号，而且韩都衣舍创始人赵迎光的微博也纳入了矩阵之中。

表 8-1 韩都衣舍自媒体矩阵

平台	主要账号（部分）	粉丝数
微博	韩都衣舍	35.4 万
	韩都衣舍赵迎光（创始人）	111.1 万
	韩都衣舍官方微博	93.4 万
	韩都衣舍粉丝团	43.2 万
	韩都衣舍 EXO 粉丝团	155.9 万
微信公众平台	韩都衣舍 韩都衣舍官方旗舰店（2018 年 11 月停更） 韩都衣舍官方平台	

注：数据仅供参考，截至 2019 年 6 月 8 日。

矩阵中的账号，可以根据自身定位和粉丝特点发布不同的内容，但遇到大的营销事件时，如新品发布、重要营销活动等，则可以同时发布或相互配合转发，形成合力。

对于受众来说，平时选择的信息获取渠道会有不同，例如，有的人喜欢看今日头条，有的人喜欢刷微博，有的人喜欢看微信公众号……即使在同一平台，关注的重点也会有所不同。自媒体矩阵可以对各家自媒体平台的粉丝实现最大程度的覆盖，从而实现传播效果最大化。例如，一篇文案，在微信公众号上或许只有 10 万人可以看到，但加上新浪微博、百度百家等，传播的总人数可能就超过了百万人。

而且建立自媒体矩阵还能规避一些风险，例如有的内容因为某个平台的规则无法发布或者不被推荐，多平台同时开通账号的做法可以保证部分传播渠道的可用性。

自媒体矩阵的运营通常有以下两种方式：

1. 以产品品牌为核心，在多平台建立相同账号

这类做法多见于媒体属性产品的传播或品牌化宣传。做法是选择微信公众平台、今日头条、百度百家、搜狐号等多家自媒体平台开通同一名字的账号，选用相同的头像、简介，定期发布相同的内容，目的在于实现最大范围的受众覆盖。

2. 以某个账号为核心，建立网络化传播渠道

这样做相当于集中优势兵力，主攻一点，目的是做好重点用户的服务。通常会以某个平台的某个账号为重点，统领其他主要的账号。例如，在跨平台传播时，通过微博发起互动话题，然后在百度百家、微信公众号进行造势，接着通过微博、微信群、朋友圈围绕话题重点传播。而在同一平台，会通过转发、链接引导等形式，从各账号将粉丝及关注度引导到主账号。

不过，需要格外注意的是：

自媒体矩阵的运营一定要有规划、有重点，保证内容的质量，重视与受众的互动。在能力有限的情况下，宁可缩小阵地，也不要应付受众。

尤其是小企业，可以建设自己的自媒体传播矩阵，保护自己的品牌，但轻易不要做矩阵式运营。

大多数小企业老板都恨不得把每个平台的自媒体利用起来，推动产品早日变现。却不知要做好传播，每个平台都需要花大力气去研究，去运营，而对于小企业来说，人力和财力的投入通常是不够的。

最好的做法是确定一个主要的平台发力。选择自己的产品用户聚集最集中的平台，全力做传播和互动，将最大的优惠给用户。在一个平台上做到50万粉丝，传播效果会远胜过在10个平台上分别有5万粉丝。

8.1.5 要主动为自己的传播做传播

产品传播文案发布出去后还要做些什么？

坐等收获？一定是不对的。就像我们种了庄稼，不可能只坐着等就会

丰收。

我们还要主动为自己的传播多做传播推广。利用自己的自媒体矩阵去带动用户互动，进一步扩大传播范围和影响力就是有效的做法之一。

在一些公司，甚至会明文规定员工必须通过自己的账号转发指定的内容。对此，难免会招致一些非议，不过就一些小公司而言，这在扩散传播上也的确是较为必要的手段。

假如自己的员工对文案没有转发的动力，又怎么能够期望没有利益关系的受众去协助传播呢？

而且对于今日头条等实行推荐机制的平台，其在做二次推荐时还会考虑文章在站外的热度。来自站外的数据越多，二次的推荐量越高。所以每次发布文案后，利用其他社交账号进行转发，主动增加曝光度也很重要。

其实，还有更有价值的一招，就是建立跨界传播合作的"联盟"。

跨界传播合作可以发挥不同类型品牌的协同效应，获取更多有效粉丝，扩大品牌影响力，快速提升传播效果。

那我们应该寻求什么样的品牌建立跨界传播合作呢？

1. 具有相同或相近的消费群体

如何快速找到目标受众群体？我回答这个问题时经常使用一个不太恰当的比喻："挖田鼠洞。"

我小时候在农村生活，秋收后小伙伴们会在田野里捡掉在地上的豆子。怎样才能一次得到许多豆子呢？一个最简单的办法就是"挖田鼠洞"，因为田鼠已经在洞里收集了大量的豆子，一个田鼠洞里足可以挖出十几斤豆子。

寻找目标受众也可以运用这种方法，利用其他品牌已经聚集起来的用户去传播，自然能够收到事半功倍的效果。

不过，对于跨界传播合作的双方，应该具有相同或者相近的消费群体，这样的传播才有价值，也才会更有效。

2. 两类产品在用户体验上有互补关系

建立跨界传播合作的两类产品在用户体验上应该是互补的关系，从不同的层面或角度满足相同群体的需求。

例如，咖啡和中医养生。

咖啡的主要消费者是商务人士和写字楼里的白领人群。他们久坐于电脑前面，颈酸、肩酸、腰痛等是他们身体经常出现的问题。

咖啡和中医养生可以分别从社交饮品和健康调理两个角度满足他们的需求。

3. 具有品牌匹配度

在日常生活中，消费者很容易将产品品牌拟人化，认为它具备一些类似于人的个性。自己对品牌的选择多源自认为产品品牌的个性与自己的个性或者自己期望的个性相吻合。

基于此，在为自己的产品选择跨界传播合作伙伴时，要考虑双方品牌的匹配度，只有个性匹配度越高，合作传播的效果才会越好。

同时需要留意的是，拟合作品牌在你的受众中的知名度、信任度、美誉度，以及对方产品的创新性、性价比、受欢迎程度、行业市场排名等。这些不一定要做到非常好，但应该和你的产品相匹配，避免对方存在的问题映射到你的产品品牌。

4. 分别持有不重合的资源优势

既然是双方合作，最好能够在资源优势上存在互补。例如，双方之前在媒体渠道的使用上侧重点不同，或者在同一平台，影响的细分受众人群不同等。这样双方才能实现1+1>2的传播效果。

品牌的跨界传播合作不只是相互发一发文案，而是应该时常有深度的联合策划，并利用自媒体平台定期进行互动，在对方的粉丝圈里不断深化品牌印象。

但需要注意的是，要警惕不恰当的策划弄巧成拙，如本书之前提到的杜蕾斯、喜茶"翻车"事件，一旦发生，至少会在短期内对双方品牌造成损害。

8.1.6 要做关键词优化

产品文案一旦发布,很快就会被淹没在海量信息里,要让大家能够再次找到,通常就要借助于搜索引擎,所以关键词优化就显得格外重要。

无论是百度、搜狗等各大搜索引擎,还是今日头条等自媒体平台的站内搜索,都会按照与搜索关键词的匹配度进行搜索结果排序。

1. 标题中的关键词

关键词一定要在标题中出现,而且其位置要尽量靠前。

例如,"一季度战绩耀眼:华为手机销量超苹果"的效果不如"华为一季度战绩耀眼:手机销量超苹果"。因为后一个标题里的关键词"华为"的位置更加靠前。

如果是蹭热点的借势文案,热点事件或者事件中的人名是关键词,这个关键词也一定要放在标题里,并靠前使用。

同一标题内可以出现1~3个关键词。需要注意的是,标题要原创,在同一平台内最好没有重复的标题出现,而且关键词的设定要符合用户的搜索习惯。

2. 正文中的关键词

对于每篇文案,建议设定的关键词不要超过3个。正文中要多次使用设定的关键词。

文案的第一段对搜索引擎较为重要,建议不要太长,百字左右即可,不要引用他人文章或使用通稿。关键词要尽量在第一段内使用,并将其位置尽量往前放。

要注意文章的结构和层次。内容和标题要一致,避免被搜索引擎判断为作弊。

3. 文章标签

文章的标签由作者自己添加,主要作用是增加关键词的密度,同时方便站内检索。有的媒体网站或自媒体平台还会通过标签来划定同类型的文章,便于推荐或者查找阅读。

建议文章标签使用关键词,但每个标签的字数不要太多,2~6个字较为合适。

8.1.7 要和用户互惠互利

产品传播文案发布多了,就要做一些送福利或者赢优惠的活动。

既然自己是要通过文案传播推广产品而最终获利,就不要寄希望于仅靠受众或粉丝的"忠诚"协助传播,要有实质性的互惠互利。何况不可否认的是,绝大多数受众对自己喜欢的品牌账号都有着获得优惠或福利的心理预期。

定期的优惠或送福利活动,可以提升与受众的互动效果,也有助于扩大传播。

8.1.8 要定期分析数据,完善传播策略

数据是评估文案传播的重要依据。深入分析、对比数据,有助于完善传播策略,可以不断强化传播效果。

与产品文案传播相关的数据除了1.1.3小节中介绍的阅读数、转化率(注册转化率、购买转化率、活动转化率等)和增粉数外,还包括:

1)曝光量(推荐量):指文章或广告的展示次数。

2)转发数:一篇文章被转发的次数。

3)评论数:用户评论的数量。

4)完整阅读比例:阅读到文章结尾的用户数量占该文章阅读数的比值。

5)跳出率:是指只访问了入口页面(如某指定页面)就离开的访问量与所产生总访问量的百分比。

6)用户特征:在研究用户时,对用户进行划分的一种标识,如性别比例、地域分布、年龄分布等。

通过对这些数据的分析,可以掌握什么样的标题、什么样的文案风格更受欢迎,目标受众群体对什么类型的活动参与度更高等。

数据的比较分析应该成为文案创作者的长期工作,坚持与积累时间越长,得出的结论越接近真相。

8.2 八不要：千万别给自己挖坑

辛辛苦苦写了一篇文案，结果却被传统媒体或互联网媒体拒稿，甚至在自媒体平台上也发布不出来，或者发布之后没有推荐量，这种情况并不算少见。

写作文案时，一定要注意各平台的发稿须知。同时，也要多了解和总结文案创作的禁忌，避免落进坑里，让自己栽了跟头，更不要给自己挖坑。

有些坑可能会发展成"生死劫"，务必小心。

8.2.1 不要拿碰不得的事开玩笑

2018年11月，意大利奢侈品牌D&G（杜嘉班纳）在上海举办品牌大秀之前，在社交媒体发布名为"起筷吃饭"的宣传片，片中的模特展示了如何使用筷子吃比萨饼、意大利式甜卷等食品。其将筷子称为"小棍子形状的餐具"。同时，片中旁白所用的"中式发音"、傲慢的语气以及模特用筷子的奇怪姿势，均被质疑存在歧视中国传统文化的嫌疑，引发中国网友的不满。

随后有网友在社交媒体上说起这件事，引起杜嘉班纳创始人之一、设计师斯蒂芬诺·嘉班纳在社交媒体上与网友争辩，并公然辱华。

事发后，D&G受到网友自发抵制，中国模特罢演其上海大秀，各电商平台下架其相关产品。

因商家不端或不当言论、行为引发的"事故"在世界各国均有发生。

在自媒体平台，也时常有文章因各种原因被删除、封禁，甚至账号被注销。

文案的创作要设高压线，也要设底线，一定不要触及。

例如，不要触及时政、意识形态，不要拿宗教信仰、宗教仪式、民族习惯、民族情节等开玩笑，更不要藐视、嘲笑弱势群体。

对一款产品来说，最惨的一种情形是被用户嫌弃，从而没有了销量，而另一种情形就是遭遇行政处罚或惹上了官司。

文案创作者一定要好好学习包括《中华人民共和国广告法》（以下简称广告法）在内的法律法规。

下面这两条更要熟记于心：

第九条

广告不得有下列情形：

（一）使用或者变相使用中华人民共和国的国旗、国歌、国徽，军旗、军歌、军徽；

（二）使用或者变相使用国家机关、国家机关工作人员的名义或者形象；

（三）使用"国家级""最高级""最佳"等用语；

（四）损害国家的尊严或者利益，泄露国家秘密；

（五）妨碍社会安定，损害社会公共利益；

（六）危害人身、财产安全，泄露个人隐私；

（七）妨碍社会公共秩序或者违背社会良好风尚；

（八）含有淫秽、色情、赌博、迷信、恐怖、暴力的内容；

（九）含有民族、种族、宗教、性别歧视的内容；

（十）妨碍环境、自然资源或者文化遗产保护；

（十一）法律、行政法规规定禁止的其他情形。

第十条

广告不得损害未成年人和残疾人的身心健康。

摘自《中华人民共和国广告法》（2018年修正）

互联网上，有网友戏称，广告法中不让使用带有"最"的用语，反倒可以令宣传语更有意境，例如说"最便宜"，可以表述为"我们找了三天三夜，没看到比它更便宜的"。

玩笑归玩笑，若想有效避开明令禁止的约束，还是要先掌握法律条文才行。针对各行业还有更细的规定，文案创作者需做到心中有数。

8.2.2　不要试图贬低对手

有利益的地方就会有冲突。这句话在许多行业都有体现，尤其在 IT 圈里，今天你攻击我，明天我声讨你，俨然快要发展成"冲突圈"。

不过冲突归冲突，绝不要妄自贬低、诋毁对手。

我们做产品文案传播更是如此。

可以宣传自己的产品优势，可以宣传它能够满足用户哪些需求，给用户带来哪些增值服务，但没必要建立在贬低对手的基础上。

用户对每家产品自有判断，贬低、诋毁别人反倒为人所不齿，甚至会给对手一个反击的机会。

早些年，我在一次内部会议上做竞品分析，对竞品的某项功能标注了"差"，CEO 提醒我："不要用'差'，那里最好改成'弱'。要尊重对手。"

虽是内部会议，但 CEO 的那份认真至今仍令我印象深刻。这之后，我也多次从这件事中受益：只有尊重对手，我们才能够赢得对手的尊重。

8.2.3　不要传播负能量

有些人"心灵鸡汤"喝多了，就希望能换换口味，寻找愤世嫉俗或是不与主流"合污"的言论发泄。于是，一些自媒体应运而生，内容往往是基于个体的发泄，文案则多用惊世骇俗的"金句"。

这类文案吸粉的确有效，但问题是，这些奔着负能量而来的粉丝是你的产品的潜在用户吗？

前两年，国外掀起一轮"负能量营销"潮，但其中的创意反映出的只能算是青年一代的揶揄、自嘲，近乎自黑，是面对生活压力的一种反击与宣泄。

我们要警惕的是真正的负能量，表现为面对生活只有沮丧和沉沦，传播着绝望，似乎看不到一点亮色。这种负能量宣扬颓废消沉或者鼓吹愤世嫉俗、离经叛道。

我们要给自己的产品贴上这样的标签吗？

即使产品真的能够因此获得一小撮拥护者，恐怕很快也会被社会抛弃。

8.2.4 不要把自恋当个性

自恋表现为以自我为中心，将心理的兴趣和注意力集中在自身。

有的人表现出自恋，这是一种心理疾病。但有的企业竟然也会自恋，并且将自恋表现成了企业文化。

其实，企业的自恋通常是企业里主要管理者的性格体现。

我曾遇到一位企业老板，谈起理念滔滔不绝，谈到产品更标榜得前无古人后无来者，谈到现实只怨大家不识货，否则这个产品早就占领全球市场了。而我一直没听出这款产品真正的实用性在哪里。

不过，我比较钦佩的是他"洗脑"的功力，竟然能够让员工认同，也表现出"谁与争锋"的气概。而且对他言必称"我们老板"。

对文案创作者来说，即使再认可自己的产品，再崇拜自己的领导，建议创作文案时也要注意：

1）不要总对公司背景、经营哲学夸夸其谈。

2）不要把自己的领导当成受众的领导。

3）不要过于卖弄专业词汇。

受众的围观和嬉笑是无法转化成销售量的。

8.2.5 不要为了传播而迷失自我

文案传播千万不可"唯传播论"。

近两年，各大自媒体平台都有不少高流量的大V账号被关停，原因普遍为存在导向不正、格调低俗等突出问题。

自媒体使每个人都成了信息源，互联网上的信息已经不再稀缺，稀缺的已经变成了"能够吸引到的注意力"。在这种情况下，的确有一些自媒体使用"标题党"，编写低俗内容，为了获取流量而丧失了底线。

新华社曾经发文痛批："没有底线，流量就成了流毒！"

产品传播文案除了推广和销售产品，提升品牌的美誉度也很重要。所以更不可为了传播而不顾底线，迷失了自我。

除了内容不要媚俗，还要注意蹭热点一定不要惹人烦。

2018年5月，郑州空姐乘坐顺风车遇害，自媒体账号"二更食堂"发布推文《托你们的福，那个杀害空姐的司机，正躺在家里数钱》，文章发出后引起了许多网友的愤怒。最终，"二更食堂"公众号运营团队解散。

8.2.6　不要低估"意外"

2018年世界杯前期，华帝打出"法国队夺冠，华帝退全款"的旗号，使其在世界杯营销大军中脱颖而出，成为大众议论的热点。其创意是在2018年6月1日至2018年7月3日期间购买华帝指定产品并参与"夺冠退全款"活动的消费者，华帝将按所购指定产品的发票全额退款。

2018年7月16日，法国队时隔20年，终于再捧大力神杯。华帝启动退款活动，只不过退款变成了退购物卡。据称，此举大约需支出7 900万元人民币。2018年7月19日，人民日报批评华帝涉嫌施行霸王条款，"营销套路"变"套路营销"。中国消费者协会也通过微博对"华帝用户退全款遇阻"一事发声，敦促其履行承诺。

虽然华帝用7 900万元的投入撬动了10亿元的销售，但退款过程中发生的一些事件还是给品牌带来了一定的损伤。

究其原因，法国队夺冠恐怕在华帝的意料之外，否则其后续退款兑现环节的设计会更加完善，一些状况也可得以避免。

所以在做文案策划的时候，一定要把"意外"尽量多地考虑进去，做好充足预案，以使后续执行不出纰漏。

8.2.7　不要用同一手段过度刺激用户情绪

产品文案通过传播来带动销售，往往是借助感官刺激或情绪感染，唤起或强化产品满足需求的意识。

但一定不要过度用同一手段来刺激用户情绪。

因为从心理学角度来说，人们可以对某种事物投入很强烈的情绪，但在第一次体验后，这种情绪会逐渐变淡。例如我们到一个大商场，看到灯光映射下的某件商品后格外想买，但第一次忍住后，再多去几次，尽管它仍被灯光映射得熠熠生辉，但诱惑感却小了许多。

"煽情"也是刺激用户情绪的重要手段之一。

例如，有的产品故事会讲某女孩的父母生病，家境贫困，但她十分努力向上，今年终于考上了梦寐以求的大学，学费却没有着落。还好，现在家里的荔枝成熟了……

第一次看到这样的文案，大家多数会慷慨解囊——自己既买了东西，又能够帮助一个遭遇困难却有理想、有追求的好孩子，何乐而不为？

但是，如果在同一个账号下，你一遍遍读到这样的故事，难免就会"习以为常"，心中的感动、怜悯之情渐渐消退，购买产品的动力也就差很多了。

出现这种情况，并非我们的同情心没有了，而是在经过同一手段的反复刺激之后，情绪有了免疫能力。

所以，在文案中应该避免过度使用同一优惠活动、营销手段或者同一套说辞等刺激用户情绪。否则其营销效果会越来越差，甚至令受众感到厌倦。

8.2.8 不要轻视"羊毛党"

羊毛党，是近些年新兴的一个网络流行词，特指热衷于通过网络活动"薅羊毛"的群体，他们专门选择互联网公司的营销活动，以低成本甚至零成本获取高额奖励，但本身并不具备客户价值。

据《中国证券报》报道，2018年12月17日，在星巴克上线的"星巴克App注册新人礼"营销活动中，羊毛党利用大量手机号注册星巴克App的虚假账号，领取活动优惠券。随后，星巴克紧急下线了该活动。但据网络安全厂商"威胁猎人"估计，短短一天半的时间，如不及时止损，按普通中杯售价估算，星巴克损失可能达1 000万元。2019年1月，拼多多平台举办"年货节"大促，一夜之间被"羊毛党"套取了价值千万元的平台优惠券。

大公司对被薅走千万元的损失或许还能承受，但一些初创公司在发展的初期亟须通过营销活动增加注册用户量时，直接被薅走一大笔营销费用，收获的却是一大堆"僵尸用户"，可能会直接导致公司破产。

对于"羊毛党"的防范，除了从技术层面做好网络安全、数据监控、防作弊外，文案创作者也要注意对活动规则的制定。

1. 提高兑奖的门槛

对参与抽奖或领取福利，可以约定一个身份证号或一部手机只能参加一次活动，填写兑奖信息时要求提供手机验证码或输入身份证号。

2. 对利益获取设限制

对于推荐新用户或者分享信息获得奖励类的活动，最好设置上限。例如，通过测算，一个用户正常能力下可以推荐 10 个新用户，那么可以设置推荐 10 个用户以内是有效的。

3. 尽量减少货币化奖励

尽量减少红包、话费等货币化的奖励也可以规避一部分"羊毛党"。可以以实物作为奖品，并要求获奖者提供收货信息等。也可以用优惠券，但要求仅在购物时才能使用。

小 结

本堂课重点总结了在使用文案传播和推广产品时提升效果的几种方法，以及要格外注意的几点禁忌，因为篇幅问题没有展开阐述。你可以按照这几点多查阅资料，在实践中多学习、勤总结。

学习时，可以向优秀的人学习，更可以向对手学习。同时不断总结经验教训，注意积累。

数据分析对推广效果的帮助会非常大，建议多花一些时间去研究、琢磨。

课后演练

选取近期写作的一篇文案,进行"健康自检",注意各项达标情况。

传播文案健康自检表		
序号	自检项目	达标情况
1	文案写作目的明确,且能够达到	
2	文案内有故事性的表述	
3	进行了便于受众阅读的文案排版	
4	制定了有效的自传播计划	
5	对标题和内文都做了关键词优化	
6	文案中有活动、优惠或福利能够给受众带来直接利益	
7	已经对传播的消极效果做了充分的评估	
8	确认没有不当的或可能引起受众反感的言论	
9	文案内不存在违反法律、法规的言论或做法	
10	文案内没有诋毁竞争对手的言论	
11	文案没有传播负能量	
12	优惠活动或营销方式与之前使用过的不相同	

附录

附录 A　全年营销节点跟踪

月份	关键节点	日常节点	营销关键词
1月	元旦 寒假 春运 春节	腊八、小寒 小年、大寒 除夕	打折促销 年货、年味、家 春晚、相亲、催婚 新年、团圆、归途
2月	情人节	立春、元宵节 雨水、龙抬头	爱人、情人 秀恩爱
3月	女生节 妇女节 两会 3·15	惊蛰、植树节 春分、地球一小时	女神、女王、关爱 春天、春风 （关注两会可用关键词）
4月	愚人节 4.22	清明节 谷雨、世界地球日	踏青、旅游、出行 风筝、缅怀、促销
5月	五一国际劳动节 中国品牌日 母亲节 520	青年节 立夏、护士节 国际家庭日、小满 世界无烟日	初夏、小长假 出游、关爱、学生 母爱、家
6月	儿童节 高考、中考 父亲节 端午节	世界环境日 芒种、夏至	孩子、父爱、家 考试、读书、亲子 粽子、出游
7月	暑假	小暑、大暑	成绩、高校、炎热
8月	七夕节	立秋、处暑	酷暑、爱国、炎夏 情人、鹊桥、相会
9月	开学季	白露、教师节、 秋分	学生、新学期 秋游、感恩
10月	国庆节 中秋节 重阳节	寒露、霜降	爱国、故乡、团圆 长假、旅游、景点、 旅途、关爱、敬老、月饼

(续)

月份	关 键 节 点	日 常 节 点	营销关键词
11月	双十一 光棍节 感恩节	立冬、小雪	打折促销 单身狗、情侣、恩爱 感恩
12月	双十二 圣诞节	大雪、冬至 平安夜	打折促销、寒冬 冰、雪、年度总结

注：1. 本表参照2020年日历，农历节日所属月份每年略有出入。

2. 此外，还可关注重大体育赛事、国内外主流电影节、大公司年会、行业大会等活动中的热点事件或话题。

附录 B　文案创作者的职业进阶之路

文案是企业或公司里通过文字创作制定方案、实施创意策划的岗位。

公关、市场环节通常需要文案人员配合完成基础的文字工作。正是出于对文字功底的要求，各用人单位会比较青睐一些拥有媒体记者经历的从业者，去完成高级文案的创作。

在销售企业和广告、公关公司中，文案岗位的职责会有所不同，所以职业进阶方向也会不同。

1. 生产、销售企业

在生产、销售企业和大型公司中，人事部、产品部、销售部、品牌部，包括上市公司的董秘办公室，一般都有文案岗位的需求。

其中销售部文案工作侧重产品销售文案、市场传播文案的策划与撰写；

品牌部文案工作侧重企业及产品品牌的策划与传播；

董秘办公室文案工作侧重高管品牌的策划与传播。

一般的中小企业可能不会分得这么具体，甚至可能不设立专门的文案岗位，而是与策划、新媒体运营岗位合并。

文案人员的进阶道路因为部门不同会有所不同。

在销售部中的进阶路径为：**文案策划→市场经理→市场总监或销售总监→销售副总。**

在品牌部中的进阶路径为：**文案策划→企划经理→企划总监→品牌副总。**

其实在大公司中，对市场、销售、品牌等部门的经理、总监等团队管理岗位而言，文案策划都是必备技能。对于公司的运营、销售、品牌等高级管理者而言，更是要同时具备市场眼光、品牌眼光。

如果公司效益较好，文案人员也能够随着公司业务的成长而得到快速成长。

2. 广告和公关公司

在广告和公关公司中，文案策划、传播人员是最重要的基层员工。

在这类公司中，大家的岗位职责及分工相对明确，多数时候各司其职、协同作战。在这种情况下，文案人员的晋升主要有两个方向：

①**文案策划→文案指导→文案总监→合伙人。**

②**文案策划→策划专员→创意总监→合伙人。**

当然根据个人兴趣，文案人员也可以向运营经理、产品经理、培训讲师等方向转岗。

近年来，短视频和视频直播已经成为重要的营销手段，建议文案创作者也要留意研究，提升相关的策划能力，同时注重自媒体运营技巧的积累，保证文案策划、写作形式的与时俱进。

将来，无论是网络营销行业、教育培训行业、电商行业、金融行业还是文化娱乐行业、IT 行业，只要公司和企业有商业诉求和营销需求，就需要有文案功底的实施者和管理者，文案创作者就大有用武之地。

色彩与文案氛围对应表

红色	橙色	黄色	绿色	青色	蓝色	紫色	白色	灰色	黑色
热情 热烈 浪漫 激情	温暖 温馨 满足 友好	光明 单纯 活泼	年轻 安全 自然 稳定 成长	信任 清新 脱俗 真诚	沉稳 忠诚 保守 伤感 冷静	浪漫 优雅 神秘 高贵	纯洁 高雅 天真 冷漠	随意 宽容 苍老	严肃 沉重 精致 悲痛

天猫首页截图

北京某中秋节活动配图

画面元素简单的图片较适合风格淡雅的文案

淡蓝色调更易营造出伤感的氛围

丰收的庄稼反映收获的文案